CREER *y* CREAR

APRENDE A TRIUNFAR ENTENDIENDO EL SISTEMA DE **FINAL EXPENSES**

FRANCISCO J. **ESPINOZA**

BARKER⊗JULES

BARKER & JULES

Creer y Crear

Edición: Morlis Books™
Diseño de Portada: Barker & Jules Books™
Diseño de Interiores: Barker & Jules Books™

Primera edición - 2019
© 2019, Francisco J. Espinoza

I.S.B.N. | **978-1-64789-002-5**
eBook I.S.B.N. | **978-1-64789-001-8**

BARKER & JULES, LLC
2248 Meridian Boulevard, Suite H, Minden, Nevada 89423
morlisbooks.com
barkerandjulesbooks.com

ÍNDICE

Introducción

Las oportunidades son algo que no está en primer plano, son como un destello que se ve con el rabillo del ojo, o como si tuvieran una frecuencia que no todos saben escuchar. Las oportunidades están hechas de puro potencial, por eso son tan complejas. Hay que aprender a verlas, oírlas y entender qué hacer con ellas. ¿Para qué nos sirven?

Hablar de oportunidades es lo mismo que hablar de seguros. ¿Cómo es esto posible? Porque los seguros son aire. No de manera literal, por supuesto, porque uno paga por un seguro sabiendo que está comprando un producto final, cual sea el que decidas. Las compañías venden dinero y tú compras el producto de tu preferencia. Así, al adquirir un seguro adquieres también una oportunidad, ¿me explico? Porque un seguro es un medio para la cobertura de los riesgos al transferirlos a una aseguradora que garantiza o indemniza todo o parte del perjuicio producido en diferentes situaciones que no se pueden prever ni controlar. Estás comprando tu tranquilidad, tu seguridad, tu calma.

Existen diferentes tipos de seguros: de vida, de accidente, de enfermedad, de dependencia o planes de pensiones, seguros contra daños o patrimoniales y seguros de prestación de servicios, entre otros. Cada uno de estos protege cosas distintas de un individuo, siempre y cuando se pague cierta cantidad de dinero al mes.

Una oportunidad, así como un seguro, es una promesa. Se firma un contrato y entonces se transforma en certeza.

Yo decidí escribir este libro porque me encontré con la oportunidad de hacerlo, y todo gracias a la industria de los seguros. Porque cinco años después de haber llegado a un país en el que no nací, y cuyo idioma apenas hablo, vivo en paz, con seguridad económica y libertad financiera.

Emigré con mi familia a Estados Unidos porque tuvimos que irnos de Venezuela. Y aunque no sabíamos exactamente cuánto tiempo podríamos quedarnos en el país ni de qué viviríamos, yo tenía toda la intención de trabajar. Quería vivir en este país de la mejor manera en que me fuera posible porque en mi cabeza tenía la idea de una propuesta. Y así lo he hecho.

Hace cuatro años me encontré con la industria de los seguros, específicamente, la rama de los *Final Expenses*, y la oportunidad que éstos me representaron no era sólo la de comer bien un mes o de pagar la renta, los *Final Expenses* me brindaron la manera de alcanzar la estabilidad financiera. Descubrí en ellos la posibilidad de emprender y desarrollar una carrera nueva, que me representaba desafíos extraordinarios, pero que por lo mismo valía tanto la pena. Encontré en la dificultad una oportunidad y supe cómo trabajarla para que se volviera una certeza.

Después de cinco años, puedo decir que soy un experto en el tema: cómo alcanzar la libertad financiera a través de los seguros de gastos finales o *Final Expenses* y su abanico de posibilidades.

Por eso decidí escribir este libro. Porque cuando comenzaba la carrera y empecé a investigar, busqué literatura para apoyarme, pero no encontré nada en español que me diera respuestas. ¿Cómo era posible que nadie hubiera escrito sobre algo tan fascinante? Los *Final Expenses* es un tema muy poco conocido. ¿Por qué no hay tanta gente dedicándose a esta carrera si brinda tantas posibilidades de hacer dinero con ellos? Éstas y muchas más preguntas me hacía mientras comenzaba y vivía el proceso. ¿Cómo era posible que yo, siendo inmigrante, hubiera logrado tan fácilmente triunfar en este país y gracias a un tema tan poco explorado?

Es por eso que, después de tanto tiempo, casi cinco años, decidí que si no había nada en las bibliotecas o muy poca información en internet, entonces sería yo quien lo documentara, quien aceptara la responsabilidad de explicarlo y enseñarlo. Porque una oportunidad de esta magnitud no debería guardársela nadie; una mina de oro siempre debe explorarse.

Cuando llegué a este país no sabía por dónde ni cómo comenzar, cómo lograr lo que buscaba. Mucha gente se tarda más que meses, incluso se puede tardar años en encontrar aquello que, no sólo le apasione, sino que le permite ganarse la vida y vivirla bien. No sé si fue suerte, pero en muy poco tiempo obtuve mi respuesta: los *Final Expenses*, que en cinco años me permitieron lograr el dinero para crear mi propia compañía que hoy me genera un ingreso residual mensual, y por lo tanto, vivo en libertad financiera, y eso es algo que agradezco todos los días.

Y todo gracias a la oportunidad que pude ver en los *Final Expenses*, que al parecer no muchos han visto, por alguna razón yo sí, quizá gracias a Dios.

Así que ahora escribo al respecto, a manera de testimonio, porque quiero hablar de mi experiencia. La experiencia de un inmigrante venezolano en los Estados Unidos y su historia, cómo se hizo rico; pero, no sólo eso. Yo no quiero escribir un libro por ego, quiero escribir un libro porque me interesa ser referencia de otros, quiero ayudar a los demás, a todo el que quiera, a encontrar su estabilidad financiera, su mentalidad emprendedora y su personalidad empresarial.

Cuando uno ha logrado levantar un negocio y alcanzar tales niveles como yo he logrado, uno se vuelve referencia, algo así como un punto de partida. La gente te seguirá si ve en lo que tú haces algo que quisieran hacer también ellos. De pronto uno se ha vuelto un líder porque guía a los otros a través del ejemplo.

Yo quiero ser eso: ejemplo, referencia, orientador y ayuda. A veces pienso que Dios me bendijo con muchas cosas, a veces siento que son demasiadas, pero también entiendo que si las tengo es porque me he hecho merecedor de ellas. En verdad he trabajado como nunca antes lo había hecho, no sé si esa sea la razón por las que las tengo o sólo es consecuencia. No osaré poner en duda aquello que Dios me ha dado; sin embargo, yo quiero dar también a cambio, quiero ayudar a los demás a través de mis vivencias, porque sé que aprendí bastante y ahora lo único que me queda es enseñarlo.

Guardarse las cosas hace mucho daño y yo no tengo intenciones de hacerlo, no seré jamás envidioso al respecto. Si yo he crecido, entonces tengo cómo ayudarle a otros a que también crezcan. Y así apoyarnos entre todos. Eso es lo primordial y a veces se siente como si todo mundo lo hubiera olvidado.

A mis cuarenta y dos años tengo mucha energía y mucha fuerza todavía, quiero mostrarte mi camino y enseñarte que tú también lo puedes transitar. Uno puede ganarle al mercado financiero o alcanzarlo, si sabe cómo prepararse, si sabe estar actualizado. Si tú te entrenas y destacas, puedes triunfar en el sector de tu preferencia, sobre todo en un país que está estructurado para que así sea; si acaso quieres ser millonario, los Estados Unidos son la respuesta. Sólo hay que saber qué pregunta formular.

Los *Final Expenses* han sido mi manera. He visto mucha gente atrapada y frustrada dentro de este sistema, deseosa, sin saber cómo avanzar, adónde ir, qué pregunta formular. Yo puedo ayudarte.

Este libro puede guiarte, puede ser tu mapa tanto como tu brújula y linterna. Si tú permites esto, entonces habrás dado un paso más hacia delante; la humildad y la modestia son dos virtudes que te acercan no sólo al aprendizaje, sino a la oportunidad, y como dije antes, saber ver y aprovechar las oportunidades es lo principal, tal vez de lo más difícil, pero una vez que has entendido cómo, ya no dejarás de hacerlo.

Una vez que has logrado abrir tu mente a la oportunidad, entonces comenzará la gran experiencia. Y si a eso quieres llegar, muy fácilmente podrás dejarte guiar, enseñar, para construir y aumentar tu volumen de ingresos, lo suficiente como para un día, quizá en cinco años o tal vez en menor tiempo, alcanzar la estabilidad financiera.

Yo descubrí que el dinero no compra la felicidad; pero también puedo asegurarte que la pobreza tampoco. Lo único que el dinero te brindará es esa oportunidad de calma, certeza y tranquilidad, como la que te proporciona aquel seguro que compraste. Como los *Final Expenses* también pueden lograrlo.

Éste es un testimonio que habla de las oportunidades, de la industria de los seguros y cómo ambas se entretejen en la historia de un venezolano y cómo ambas lo impulsaron en su proceso de autoempleado, dueño de negocio, inversionista, y ahora escritor. ¿Cómo saber verlas, cómo saber aprovecharlas? ¿Cómo entender que en la oportunidad misma está la mayor riqueza? ¿Cómo puede uno vivir de la mejor manera posible? ¿Cómo se llega en tan poco tiempo a la estabilidad financiera, sobre todo en un país distinto y ajeno, siendo uno inmigrante?

Éste es un libro que, a través de mis experiencias como venezolano, inmigrante, padre de familia, autoempleado, dueño de negocio, inversionista y ahora escritor, contestará todas tus preguntas, abrirá tu mente y tu manera de mirar, para ayudarte a alcanzar esa estabilidad financiera, a través de los seguros o no, vendiendo *Final Expenses* o cualquier producto, no importa, éste es un libro que te orientará, que así como un seguro, es aire.

Es un testimonio que, así como comprar un seguro, es garantía de que la calma, la certeza y la seguridad son cosas a las que puedes aspirar, y que fácilmente puedes alcanzar si tienes lo necesario. Yo no te cobraré una cantidad de dinero al mes; lo único que debes hacer es seguir leyendo. Yo te hablo desde la experiencia, desde lo real, probado y comprobado.

Éste es un libro que no sólo es oportunidad, también es una promesa: un Sí se puede, una posibilidad. Has abierto ya estas páginas y es como si tuvieras frente a ti un contrato, ¿estás dispuesto a firmarlo?

El sueño americano

Podría decirse que mi camino hacia la libertad financiera comenzó en cuanto salí de la Universidad con un título en la carrera de *marketing* o mercadeo. El camino que uno arranca o la búsqueda que uno comienza pueden tornarse muy largos, incluso, eternos; sin embargo, y dada mi experiencia, puedo asegurar que el secreto para llegar está en nunca perder de vista el horizonte.

Mi horizonte siempre fue aquel punto brillante conocido como "libertad financiera" y a pesar de las vicisitudes nunca dejé de mirarlo ni de avanzar, aunque fuera lento, hacia él. Porque no fue fácil. Todo aquello que vale la pena nunca es fácil, y así es mi historia. Hoy vivo con holgura económica, pero no siempre fue así.

Yo soy venezolano, nací y crecí allá, pero hace casi cinco años que me fui de Venezuela y llegué a vivir a Estados Unidos. En mi país, yo era empresario y aunque tuve que dejar tanto el país como la empresa, jamás me abandonó esa esencia que me constituía y me constituye como persona; pues siempre he sido y siempre seré un empresario. Sabía que debía mantener mi energía fuerte y constante, dirigida, porque necesitaba mantener a mi familia y necesitaba hacerlo bien. Quería darles la mejor calidad de vida posible, sin importar dónde viviéramos. Ese fue mi primer objetivo y la razón por la cual me encontré con la posibilidad de iniciar una nueva carrera.

Llegó un momento en el que yo tenía cien dólares en el bolsillo y el pago pendiente de una renta de dos mil doscientos dólares por la casa en la que vivíamos. Recuerdo haber hablado seriamente con mi esposa porque no teníamos ni la menor idea de cómo lograríamos pagar esa cantidad. Eso fue un jueves; el sábado llegó la autorización que yo necesitaba por parte del gobierno para poder trabajar. ¿Quién hubiera pensado que a nueve meses de mi llegada a Estados Unidos encontraría un trabajo que me daría no sólo para pagar la renta cuando más lo dudé, sino una estabilidad económica e incluso la diversificación de mis ingresos? Y todo en menos de una semana.

Casi por accidente descubrí esta oportunidad; una oportunidad que, como migrante o hispano, nunca pensé que existiría o que me devolvería tantos frutos en tan poco tiempo, pues uno nunca sabe realmente con qué se enfrentará al llegar a esta tierra. Uno huye de su país natal porque ya no puede seguir allí; ni yo ni mi familia podíamos continuar viviendo en Venezuela.

Todos, como hispanos, hemos oído las historias de éxito o de oportunidad que Los Estados Unidos de América pueden ofrecerte, y aunque somos conscientes de que aquellas historias u oportunidades no siempre resultan positivas ni terminan bien, uno hace lo que puede o lo que piensa que será más conveniente, sobre todo si busca el bienestar para su familia, aunque la decisión implique un riesgo y sea como lanzar una moneda. Así nos fuimos, mi familia y yo, sin ninguna idea de lo que pasaría, sin saber cuál sería el destino al que nos tocaría enfrentarnos en un país desconocido que no tiene más que promesas y oportunidades, pero que puede resultar tan hostil para algunos como acogedor para otros. Pero lanzamos la moneda.

Así que esta es la historia de cómo un venezolano logró la holgura económica, tanto para sí mismo como para su familia, en tan poco tiempo y en un país que no era el suyo; esta es una colección de experiencias transcurridas que te servirán como guía básica si lo que quieres es alcanzar la estabilidad financiera. Porque no es un mito ni una leyenda, como muchos pudieran pensar, sino algo que existe, un estado perfectamente alcanzable para cualquiera de nosotros, sin excepción alguna. Y aunque sé que el proceso vivido siempre será tan distinto como lo es cada individuo, yo puedo asegurarte que hay métodos infalibles de alcanzar esa meta, que son más sencillos de lo que alguna vez imaginaste, y que no tienes que ser nadie más que tú mismo para efectuarlos.

Yo te hablo y hablaré desde mi experiencia, pues es la única manera en que sé cómo y en que me corresponde hacerlo. Te hablaré de aquello que conozco y todo aquello que he experimentado. ¿Por qué? En primer lugar, porque nadie puede hablar más que desde sí mismo y, en segundo, porque soy alguien que, a sus cuarenta y dos años de vida, ha alcanzado ya ese punto brillante que alguna vez se fijó en su mirada: la libertad financiera.

Y así como te dije al principio de este libro, si bien mi proceso inició al momento en que terminé una carrera universitaria en *marketing* o mercadeo, no fue sino hasta hace cinco años, cuando llegué a los Estados Unidos de América, que pude verdaderamente concretar mi destino. En tan sólo cinco años logré esa libertad financiera que siempre había perseguido. Es por esto que hoy me siento con la capacidad de escribir este libro, es por eso que hoy puedo tomarme el permiso de hablarte a ti sobre independencia financiera y explicarte cómo lograrla, hablándote únicamente desde mi experiencia, porque ya he atravesado yo este proceso y en menos de cinco años alcancé mi objetivo.

Este es el testimonio de un migrante que dejó su país natal porque no tuvo otra opción, pero que hoy vive como *Top Producer* nacional, dirigiendo su propia agencia de seguros, haciéndole honor todos los días a esa legendaria frase, pues logró cumplir de manera inimaginable, y en menos de cinco años, su *sueño americano*, a través de los seguros de gastos finales o los *Final Expenses*.

Hoy sigo siendo ese venezolano que llegó a Estados Unidos hace casi cinco años. Si bien mi vida cambió de un momento a otro, sigo siendo la misma persona que se fue de Venezuela en busca de una vida mejor.

Una de las razones por las que decidí incursionar en esta nueva carrera es justamente porque soy inmigrante.

A uno como inmigrante le ha tocado, no sólo dejar a lo lejos toda su vida en el país en que vivía, sino prácticamente olvidarla para empezar una nueva. No nos queda de otra más que inventar una nueva historia, aprender una nueva carrera, buscar una nueva manera para ganarte la vida. No es fácil; sin embargo, no muchos lo saben, solo quienes hemos tenido que hacerlo.

Peor que no saberlo es no saber cómo lograrlo. Es terrible y frustrante tener toda la intención de superarte, de alcanzar un nivel económico más alto, pero no tener ni la menor idea de cómo empezar para lograrlo.

Sigue leyendo: yo te diré cómo.

Este país te obliga a confrontarte contigo mismo, te obliga a llevar al límite todas tus habilidades, tus capacidades, te empuja a cuestionarte ¿qué estás dispuesto a hacer para sobrevivir? ¿Cuál es la calidad de vida que quieres tener? Si bien es cierto que las circunstancias externas pueden influir casi por completo en tu destino, eres tú y solamente tú quien decide la manera en que abordará o aprovechará los retos que este país te puso enfrente.

Hay quienes piensan que lo único necesario para empezar es dinero; pero están muy equivocados. Yo descubrí una oportunidad como migrante dentro de la industria de los seguros, específicamente los de gastos finales, y la razón por la que pude triunfar en el área no fue únicamente mi experiencia de más de diecisiete años en una carrera de ventas ni la especialización en *marketing*, sino la manera en la que decidí abrir mi mente y exigirme a mí mismo para emprender una nueva posibilidad de historia, una oportunidad desconocida de éxito en una nueva carrera.

Un año después, yo era ya un *Top Producer* nacional. Por eso mismo es que puedo decirte desde ahora: no necesitas dinero para empezar. No permitas que esta idea frene o ponga en pausa tu potencial.

A partir de hoy, y si ya decidiste seguir leyendo, porque quieres incursionar también en la industria de los seguros o porque tienes curiosidad de cómo fue posible que un venezolano de cuarenta años alcanzara en tan poco tiempo su estabilidad económica en Estados Unidos, lo único que deberás, y no es opcional, es expandir tu manera de pensar y tu visión, dejar entrar nuevos conocimientos y experiencias, y así darte cuenta de que lo único indispensable para triunfar en esta área es entender cómo funcionan los sistemas y las empresas. No se lee tan sencillo, ¿cierto? Pero lo es, porque yo te voy a decir cómo.

Y es que aunque hoy tenga la experiencia para escribir un libro y decirte cómo alcanzar la libertad financiera y hacerlo a través de la industria de los seguros y los gastos finales, mi proceso no ha sido fácil. Ha sido un camino sinuoso con obstáculos y dificultades, como muy probablemente lo pueda ser el tuyo, si decides emprenderlo; ahora, yo descubrí que no me voy a hacer más rico guardándome los conocimientos y experiencias que he coleccionado a lo largo de cinco años, pero sí lo hará el compartir la información, el ayudar a otros, sobre todo, a inmigrantes que llegaron con sueños a este país como hace unos años llegué yo.

Como inmigrantes no llegamos a este país a hacer una protesta, sino una propuesta, una oferta. Vinimos a crecer, y debemos sentirnos orgullosos, de intentarlo, de perseverar y lograrlo. Porque a todos nos toca aprender. Yo estoy donde estoy ahora porque cuando vi una oportunidad, en esta industria, supe que debía educarme, que debía prepararme y trabajar, si lo que quería era desarrollarme, tanto personal como profesionalmente.

No importa si es en la construcción o si es limpiando baños en un hotel, si yo sé que no soy experto en ninguna de estas áreas pero decido dedicarme a una de ellas, entonces me va a tocar aprenderlas, y debo estar preparado. La única manera de hacerlo es con humildad, ambición, fuerza y disciplina. Es curioso cómo uno termina transformándose en dos personas distintas: la que era antes de llegar a este país y en la que se convierte después. El mundo se abre porque uno empieza a ver y a entender las cosas de otra manera; esta expansión, tanto de pensamiento como de visión, no puede darte más que oportunidades, mejores y nuevas. Porque uno como inmigrante sabe que deberá entregarse con dedicación a una nueva carrera; y el hecho de estudiar y aprender cosas nuevas, te permitirá escoger cosas mejores, cuando entiendas que el mundo está abierto y lleno de opciones. Yo lo aprendí cuando me encontré con la industria de los *Final Expenses*. Cuando entendí la manera en la que esta industria me entregaba un mundo lleno de posibilidades, no pude más que entregarme a ellas, y aceptar todos los retos y los sacrificios, porque hoy sé y estoy seguro de que cada uno de ellos valió la pena.

Yo no hablo sólo como un venezolano, hablo como parte de una comunidad hispana que hace su aporte en un país que no es el suyo, y no sólo eso, hablo también desde la estabilidad económica, la independencia financiera, que logré gracias a los *Final Expenses*.

El sueño americano existe y yo lo vivo todos los días porque escogí esa carrera. Yo no compré un boleto redondo, compré un boleto de ida nada más, y no me refiero a mi boleto de avión para venir a este país, aunque también sea cierto, hablo de mi boleto al emprendimiento y a la libertad financiera, compré un boleto de ida hacia la oportunidad, porque yo no pensaba regresar.

La verdad es ésta: tú puedes triunfar en Los Estados Unidos, seas quien seas, y lo único que requieres para hacerlo es haber tomado la decisión y admitir el compromiso que dicho proceso implica, aceptando y enfrentando, con determinación y paciencia, todo aquello que se te presentará durante el proceso y que te será exigido por el mismo camino. Porque si bien todo mundo tiene el potencial para lograrlo, este proceso no es para todos. Uno debe estar dispuesto para prepararse y trabajar con fuerza, presto a transformarse por completo en una persona íntegra, con visión y disciplina.

¿Sabes cuál es tu ventaja? Que yo seré tu guía y te explicaré, paso a paso, desde mi experiencia, no sólo cómo empezar, sino cómo llegar, cómo lograrlo. Estas palabras son mi testimonio pero, al mismo tiempo, son herramientas: tu mapa y tu brújula. La otra ventaja es que el sistema en el que yo trabajo, el sistema sobre el que te educaré y orientaré, es un sistema controlado, una manera de trabajar que no es un experimento; esta industria no es una moneda al aire, sino algo totalmente comprobado que realmente puede hacerse, efectuarse y alcanzarse.

Porque no necesitas ser ningún experto, lo único indispensable e ineludible será la humildad; deberás permitirte el aprendizaje, dejar entrar las enseñanzas, estar dispuesto a recibir indicaciones y nueva información; además, deberás tener fe, paciencia y confiar, no sólo en mí, en todo lo que te digo y te aseguro, sino en ti mismo, en tu proceso, en tu camino, y en tu capacidad de fuerza, trabajo y disciplina. Para alcanzar la libertad financiera es fundamental el sacrificio; pero ese sacrificio significa únicamente el abandonar las dudas y aprender a usar el miedo, no como obstáculo sino como tu empuje y tu motor.

Si hoy puedo decirte todo esto y hablarte de libertad financiera es porque lo he comprobado y estoy ahí. No te pido que confíes a ciegas, sino en los hechos. La garantía soy yo, y desde el lugar en el que estoy puedo asegurarte que, si tú estás listo, yo también lo estoy, para ayudarte estés donde estés, trabajes con quien trabajes, ya sea conmigo o por tu cuenta, a que lo hagas, te atrevas y que no sólo acumules, sino que puedas acrecentar, tanto conocimientos como resultados, que te funcionen a ti, residente o inmigrante, y que tu historia sea de éxito, que logres alcanzar la libertad financiera, así como en menos de cinco años logré hacerlo. Quién sabe, hasta pudiera ser que alcances esa independencia económica en un menor tiempo.

In God We Trust

Cada año miles de extranjeros aterrizan en Estados Unidos buscando nuevas oportunidades laborales; sin embargo, el proceso no es sencillo. Todos y cada uno de estos trabajadores extranjeros deben recibir una autorización o un permiso específico para poder trabajar legalmente en este país, en inglés se conoce como *Employment Authorization Document* (EAD).

La normativa norteamericana de inmigración exige varios requisitos para otorgar este permiso; lo primero es contar con una visa de no inmigrante, una visa para trabajar en Estados Unidos y se conceden únicamente por motivos específicos y un período determinado de tiempo. Además de conocer los requisitos y condiciones sobre los periodos de estancia para cada categoría de empleo, debes cumplir con los términos de solicitud para poder vivir y trabajar aquí. En principio, mientras te encuentres dentro de la edad mínima legal para trabajar, no tengas antecedentes penales y presentes un pasaporte válido, puedes trabajar en el país y solicitar tu permiso de trabajo.

Los tipos de visa de trabajo en Estados Unidos dependen de tu situación personal y del trabajo que estés buscando. Hay tres tipos:

1. La primera es la que se otorga al personal que presta sus servicios para el gobierno o para organizaciones internacionales. Son visas exclusivas para diplomáticos o representantes de organizaciones internacionales.

2. El segundo es para trabajos especializados. Son visas para quienes desean trabajar en ámbitos como educación, deporte, ciencia, arte, medios de comunicación, empresas, etc.

3. Y otros. El tercer tipo de visa puede ser para extranjeros que van a otros países, para tripulaciones como barcos o aeronaves, para padres o hijos de inmigrantes, novios o novias meses antes del matrimonio, testigos o informadores de tribunales u organismos estadounidenses.

Pero la realidad siempre es distinta a lo que uno se plantea en su cabeza. Y no sólo porque obtener una visa sea difícil, sino que puede resultar imposible.

Esta es la razón por la que, muchas veces, la última o primera opción será entrar al país sin documentos y mantenerse dentro de esa misma manera. Desde hace tiempo la política Estadounidense ha hablado de detener el flujo de trabajadores sin documentos; sin embargo, y según muchos estudios, ponerle fin a la inmigración podría provocar la pérdida de muchos empleos en general, podría representar el cierre de empresas e incluso una disminución de la economía.

La seguridad fronteriza se ha vuelto más estricta en los últimos años, y la economía se ha fortalecido, reduciendo el desempleo; sin embargo, muchos empleadores, sobre todo aquellos que ofrecen salarios bajos, dependen mucho de estos trabajadores sin documentos legales, y a veces no tienen más opción que contratarlos, pues son quienes están dispuestos a aceptar esos salarios. Así, los inmigrantes sin documentos terminan en empleos que requieren poca preparación, representando un porcentaje mayor en los sectores agrícolas, forestales, pesqueros, de construcción, servicios de limpieza, cuidados infantiles, etc.

Existe un alto porcentaje de trabajadores en Estados Unidos que son inmigrantes sin documentos, pero que pertenecen y participan en el mercado laboral; y es que incluso a pesar de no tener documentos, y quiero hacer énfasis en esto: los inmigrantes no venimos a hacer una protesta, sino una propuesta, como ya lo mencioné. Y cada uno la hará de tal manera en la que sus posibilidades y limitaciones se lo permitan.

Yo llegué a Estados Unidos en el 2014. El primer obstáculo fue salir de mi país y el segundo empezar de cero en otro. A pesar de haber llegado a este nuevo sitio con dinero ahorrado, un inmigrante no puede trabajar de inmediato, tiene que cumplir un proceso, reportar ante el sistema de migración y esperar que el gobierno te dé una respuesta afirmativa, que te autorice y dé el permiso para trabajar. Ese tiempo de espera, que era inevitable, me permitió a mí mirar el panorama desde un punto de vista más alejado y objetivo; empecé a ponderar y analizar mis opciones, buscar e interpretar cuáles eran las posibilidades que tenía, en qué rama o en qué área podría o debería desarrollarme, qué era lo que más me convenía.

En primer lugar, y como mi perfil es de vendedor y empresario, comencé buscando carreras de esa índole; llegué a vender pastillas para adelgazar, por ejemplo. Estuve yendo a entrevistas en las que, quienes me entrevistaban, me hablaban del futuro, de todo aquello que lograría si trabajaba con ellos, pero cada palabra me sonaba ficticia. Palabras vacías que no me explicaban el cómo, sólo me prometían un qué. Yo tenía muy claros mis objetivos, y sabía muy bien que necesitaba resultados inmediatos. En aquel momento yo no podía darme el lujo de confiar en algo que no me garantizara una solución; no podía simplemente dejarme convencer o motivar por las promesas que ese tipo de compañías maneja porque lo que yo necesitaba era certeza.

Esta clase de eventos empresariales o corporativos te ofrecen realmente un abanico de posibilidades, el llevarlos a cabo puede ser esencial para los negocios hoy en día. Las empresas organizan sus eventos, a manera de conferencias, para impulsar su propio crecimiento, formar a sus trabajadores o reclutar nuevos. Estos eventos están enfocados en atraer la atención del mercado para generar nuevos clientes. Dentro de sus objetivos está también motivar al personal para conseguir la mayor eficiencia laboral, dar a conocer nuevos productos o cambios, incentivar las fuerzas de venta, superar las metas establecidas dentro de la empresa y sobre todo mejorar el rendimiento laboral.

El reclutamiento es una de las actividades clave para cualquier empresa y uno de los puntos sobre los que se debe poner mayor atención; para esto funcionan también estas conferencias, porque reclutar empleados es una tarea difícil, ya que es necesaria la atención minuciosa, el tiempo y la dedicación de las compañías. Este tipo de conferencias lo facilita y optimiza.

La selección del personal es esencial, ya que así como puede significar el éxito del negocio o de la empresa también puede representar un riesgo o un error muy costoso. La selección es la práctica más importante y muchas empresas deciden efectuarla de manera externa, a través de publicaciones en diferentes medios como bolsas de trabajo o prensa, para convocar personas ajenas a la empresa. Consiste en encontrar candidatos potenciales a uno o varios puestos, y al ser un proceso masivo es más fácil reforzar la fuerza de ventas y producción ante una necesidad concreta. Es un proceso de selección que resulta óptimo y veloz para encontrar de manera eficaz el perfil que se adapte a las necesidades de la empresa. Y viceversa. Al ser profesionales de recursos humanos tienen muy presente que su trabajo es con y para la gente, saben que su responsabilidad es crear un ambiente adecuado, de absoluto respeto y consideración para con los postulantes, y así lo hacen.

Porque uno llega a ese tipo de presentaciones en las que se te convence que no eres tú quien se adapta a la empresa, sino que la empresa es para ti una plataforma, básicamente, y que a partir de ella podrías, si acaso quisieras, comerte el mundo. Se escuchan testimonios impactantes que te motivan y conmueven hasta las lágrimas. Pero después no queda nada. Porque la gente te contará, acaso, sus historias de éxito; sin embargo, jamás van a decirte cómo lo hicieron ellos; mucho menos van a contarte el secreto de cómo podrías hacerlo tú. No importa porque aun así, sales conmovido, aunque no tengas nada más que aquel discurso de promesa.

Las empresas contratan oradores natos, reyes de la manipulación emocional, conferencistas expertos que saben cómo apelar a esa conexión humana y sentimental para convencerte de que tu desarrollo personal y profesional puede ser a partir y gracias a la empresa o la compañía. Y es verdad que muchas veces puede serlo, pero depende de cada uno.

Por suerte, la persona que soy yo y que en ese momento buscaba una respuesta que funcionara de manera efectiva y lógica, no quedaba convencido después de asistir a ninguna de esas presentaciones y escuchar las conferencias. Así que comencé a buscar de otra manera, compañías con las que me sintiera identificado, en las que mi perfil encajara.

Un día contesté a uno de los anuncios que encontré, que describía muy brevemente que buscaban vendedores, aunque no había recibido mi permiso del gobierno para poder trabajar todavía.

Recuerdo perfectamente que iba manejando por el centro de Miami cuando me llegó un mensaje de texto al celular respondiendo sobre el anuncio al que yo había escrito por la invitación a una entrevista. El hotel donde me citaban estaba muy cerca, así que fui.

Recuerdo también haber mirado por la ventana, ver el centro de Miami, los carros avanzar veloces por la carretera mientras escuchaba las palabras de un colombiano, todo aquello que explicaba y la manera en que lo hacía.

Aquel conferencista colombiano era un vendedor de seguros de gastos finales. El tema me era desconocido, así que puse atención.

Viene a mi memoria cada detalle de la conferencia que dio el colombiano. Lo recuerdo parado en el escenario, bien vestido y con un micrófono en mano. En el salón había más o menos ocho personas cuando yo llegué. Cuando terminó la presentación no quedaba nadie más que yo. La gente se fue; por alguna razón nadie se percató del sentido y la gran oportunidad que guardaban las palabras del presentador, más que yo.

Los seguros de vida son muy diversos, como bien sabemos; sin embargo, existe una categoría dentro de los mismos muy inexplorada llamada gastos finales o *final expenses*. Estos seguros son de muy bajo costo, y son contratados por las personas conocidas como Senior o personas de la tercera edad. Estos seguros se utilizan para dejar cubiertos los gastos finales de estas personas después de su muerte, además de saldar las deudas que pudieron haber dejado en vida.

El tema me cautivó no sólo por las probabilidades de ingreso que proporcionaba, sino por lo especializado que era y por cómo, a pesar de ser un tema tan común y fuerte, a la gente no le gustaba. Yo nunca antes había escuchado de ese tipo de seguros, era un campo desconocido, y no sólo para mí, puesto que todos los asistentes de la conferencia se levantaban y se retiraban uno por uno. Pero era por eso.

Y es que a pesar de que los *final expenses* o gastos finales son algo muy importante, pues son necesarios en la vida de las personas, a nadie le gusta tocar el tema de la muerte, ni escuchar o hablar sobre éste; sin embargo, así como la vida, la muerte también es una industria. Además de la única certeza.

Después, el colombiano nos explicó que para continuar con el proceso y el desarrollo del negocio era necesaria una licencia. Tal vez esa fue otra de las razones por las que los asistentes se iban, cuando entendían que no sólo era un tema delicado, sino que el trabajo no era tan sencillo; pero la razón por la que yo me quedé fue esa misma. El negocio sonaba a un reto en todos los sentidos, parecía un desafío, y por eso era también tan atrayente. Porque no había mucha gente dispuesta a trabajar dentro de la industria o a aceptar aquella propuesta. Y la ventaja que dentro de todo esto existía, y yo me di cuenta, era que si nadie quería abordarlo, entonces había más posibilidades de desarrollo y crecimiento, tanto económicas como personales, para quienes nos dedicásemos a ello.

Me quedé interesado. Hablé con el colombiano después de la conferencia, le expliqué que en ese momento no podía trabajar todavía por mi situación, pero no olvidé ese atisbo de oportunidad, esa posibilidad de desarrollo que pude oír en las palabras de aquel presentador. Nos despedimos. Me subí a la camioneta y manejé de regreso a mi casa. Pero me fui distinto de cómo había llegado: en mí había quedado sembrada una semilla.

No podía hacer nada más que esperar mi autorización de empleo. Pero la idea de "sólo esperar" y quedarme quieto no iba realmente conmigo, así que empecé a estudiar. Decidí prepararme porque el tema era nuevo para mí, por lo tanto, era fundamental estudiarlo a fondo. Sabía que necesitaría, no sólo una licencia, sino todos los conocimientos, para ejercer aquel trabajo y llevar a cabo esa posibilidad de negocio.

Pasaron nueve meses. Un jueves tenía cien dólares en el bolsillo que no me alcanzaban para la renta de dos mil doscientos; el sábado llegó mi autorización de empleo. En menos de una semana había conseguido la licencia necesaria para comenzar, no sólo a descubrir, sino a penetrar en este nuevo mundo que apenas conocía: los *Final Expenses*. Al final de ese mes pude pagar la renta.

Y fue como hallar un oasis en medio del desierto. Así me sentía. Mi familia no vivió conmigo el embate financiero porque me esforcé por cuidar su estabilidad mental; el desafío interno era mío únicamente, así que cuando los primeros dólares se vieron reflejados en mi estado de cuenta, descansé. Después de ocho meses de incertidumbre, logré descansar. Cuando la primera comisión llegó a mí, se me empañó la mirada. Pude pagar el mes de renta.

Un año más tarde, después de haber trabajado todos los días, me tocó hacer mi primera declaración de impuestos: para ese momento, mis ingresos eran de ciento veinticuatro mil quinientos catorce dólares, exactamente. En ese momento comprendí que acababa de encontrar la forma no sólo en la que iba a hacer dinero, sino la manera en la que viviría en este país. Todo el dolor, el estrés y las noches de desvelo habían valido pena.

Jamás le pedí nada a Dios durante esos días difíciles; sin embargo, le agradecí infinitamente en cuanto vi el primer resultado. A Dios no se le pide, se le agradece. Esto es algo que uno entiende sólo cuando vive en esta tierra; bendita tierra en la que cualquier sueño es posible, porque hay espacio para el éxito de todos por igual, siempre y cuando uno lo haga de la manera correcta, el sistema está hecho para que todos triunfemos. Por eso es que comprendo a los estadounidenses y comparto el pensar y el sentir: *In God We Trust*.

Porque Dios está de nuestro lado, porque en Dios está nuestra confianza. Es curioso que no sólo el lema nacional sea ésta: *In God We Trust*, sino que también sea el del propio Estado de Florida. Es uno de los siete estados de la Unión

Americana que en estos últimos años aprobaron leyes que exigen o permiten que las escuelas y otros edificios públicos exhiban el lema. Incluso, aparece en la bandera. Florida fue el lugar en el que aterrizamos mi familia y yo cuando vinimos a este país.

Hoy comprendo que no fue una simple casualidad o una coincidencia el estar en este país ni el haber llegado a este Estado, Florida, sino la solución o el remedio a todos nuestros problemas, aunque en ese momento yo no tuviera ni la menor idea. Ésta es una de las razones, dentro de muchas otras más, por las que puedo decir con certeza y orgullo que entiendo y comparto esta frase, no sólo eso: la vuelvo mía, la he adoptado, y hoy forma parte de quien soy.

Esto no se refiere únicamente a una leyenda impresa primero en las monedas y luego en los dólares, este lema nacional refleja una parte central de lo que significa "ser estadounidense", y si bien yo no comparto la misma historia que ellos tienen, ni sus raíces o antepasados, venimos de un mismo lugar, que va más allá de la tierra. Esta es la nación más grande, cuyo éxito no se le atribuye sólo a sus individuos sino al poder superior, que así como habita en nosotros y nos protege, también nos guía.

No sólo se trata de reafirmar la trascendencia de la fe religiosa en la herencia y el futuro de un país o de los Estados Unidos, sino de uno como persona, saber que lo que se fortalece son las armas espirituales en uno mismo, saber que son el recurso más poderoso, sin importar las dificultades con las que nos enfrentemos a lo largo de nuestras vidas.

Yo ahora sé que aquel lugar en el que deposité mi fe y confianza fue el correcto: Dios. Cada día al despertar, y cada noche antes de dormir, religiosamente, le agradezco y vivo honrándolo.

Cada billete que obtengo y cada moneda los recibo con gozo, pero no por lo que valen, sino por lo que veo representado en ellos: El poder del sueño americano y puedo ver mi sueño allí cumplido.

Orientación y dirección

Mi proceso como empleado nació en Venezuela; pero el llegar a Estados Unidos me provocó, inevitablemente, el efecto de un borrón y cuenta nueva: tenía que aprender una nueva carrera. Había dejado la vida que conocía allá lejos; hoy comenzaba una distinta.

Lo entendí rápidamente; me encontré con la construcción, por ejemplo, donde podía recibir doce o catorce dólares por hora, o los trabajos de mano de obra, para los que también era requerida una licencia, así que pensé: si de igual manera tendré que estudiar para obtener una licencia, ¿por qué no educarme en algo que me gusta, que conozco y para lo que soy bueno? Las ventas. Algo que no me va a dar doce o catorce dólares por hora, pero que tal vez me dé la posibilidad de, en un futuro, hacer mucho más dinero. Por eso decidí que lo mío sería los *Final Expenses,* por la oportunidad que en ellos había identificado.

El primer paso fue sacar la licencia como agente de seguros. La licencia es una bendición, claramente, pero nadie te enseña cómo se trabaja ni existe un manual escrito para hacerlo. Ahí se encontraba mi primer desafío. Presenté mi examen para sacar la licencia, pero me costó mucho tiempo y mucho trabajo. Me desvelé tantas noches. Porque el gobierno te pide más o menos unas cuarenta horas de estudio.

Además de todo aquello que ya era un obstáculo, estaba la complejidad del idioma. De por sí uno decide ponerse a estudiar sobre un tema del que conoce muy poco, es todavía más difícil si es en otro idioma. ¿Cómo era posible traducir del inglés al español frases como "los jinetes de la póliza"? Este tipo de situaciones se me presentaban una tras otra, y cada una era un nuevo desafío; sin embargo, y pese a haber reprobado dos veces el examen, y haber tenido que empezar de cero todo aquel proceso, pude mantenerme firme. En ese momento no podía admitirlo, pero ahora puedo decirlo abiertamente: fue realmente un proceso muy duro. Rendirse siempre será la respuesta más fácil, pero perseverar es el gran reto.

El mundo puede caérsete al primer golpe, si tú así lo permites, si simplemente decides abandonar porque una primera decepción es frustrante. Pero, afortunadamente, en mí el sueño estaba vivo y era muy claro. Ahí tenía mi horizonte bien marcado y no iba a detenerme sino hasta que lo alcanzara.

Hoy puedo aceptar también que tuve miedo. Ahora lo reconozco y lo digo sin vergüenza, pues ese miedo fue mi verdadero y principal motor. Lo sigue siendo. Es verdad que se ha transformado en un miedo distinto: no es el miedo a empezar, sino el miedo a detenerme.

El miedo es uno de los animales más difíciles de controlar; el asesino más grande del planeta. Y yo lo conozco bien, sólo que hoy sé controlarlo. El mismo miedo que sentía cuando me iba a Estados Unidos y el que ahora tengo de volver a mi país. El mismo miedo que tenía cuando decidí aventurarme en esta industria es el que tengo ahora cada día, el mismo que ahora siento mientras escribo este libro; pero uno aprende a controlarlo. Porque uno debe entender que ciertamente el dinero no es la felicidad; pero yo puedo confirmarte que la pobreza tampoco, y esta es una máxima que mencioné anteriormente. El miedo también queda controlado, inevitablemente, cuando estabilizas tu economía. Esto es clave.

Tres elementos necesarios para quien planea mantener el equilibrio al mismo tiempo que alcanzar su objetivo de vida:

1. Estabilidad mental:

   La mental, para mí, está muy asociada con Dios. El Dios en el que cada quien crea, no debe ser el mismo, no importa tu religión, sino estar en contacto con todo aquello que es sagrado y saber agradecer.

2. Estabilidad familiar:

   La familiar consiste simplemente en no descuidar a tu familia y procurarla. Poner siempre sus mejores intereses en primer plano.

3. Estabilidad financiera:

   Es necesaria una relación responsable y sólida con el dinero. Cuando tienes el dinero y logras un ingreso estable, tus emociones y pensamientos se estabilizan también.

A muchos de nosotros nos enseñan que el dinero es malo o que corrompe, sin embargo yo he podido comprobar que esto es un mero discurso.

El control y el equilibrio

Una relación espiritual muy sólida, una familiar estable y una económica equilibradas son reflejo de que muy probablemente has logrado el equilibrio en tu vida.

Entender realmente el respeto hacia el dinero, la familia y a Dios (el que sea para ti, repito) y poder mantener las tres en equilibro es muy importante. Si una de las tres te falla, entonces tu equilibrio se desbalancea también. Si es tan complicado mantener dos, imagínate las tres. Por ejemplo, alguien puede estar bien financieramente, pero no procura o cuida la relación con su familia. En la mayoría de los casos, lo que yo he podido ver es que mantener las dos primeras es fácil si eres una persona respetuosa, de fe y de familia, agradecida con el universo, pero la relación con el dinero es la que más se nos complica nivelar. Sin embargo, cuando uno logra equilibrarlo todo, en el momento en que mantienes tu ingreso fijo y en balance, todas tus emociones se estabilizarán por consecuencia. Este equilibrio es básico en primer lugar; pero, no debemos olvidar algo muy importante que también debe mantenerse nivelado y en control: el ego.

Debes poder controlar esos impulsos a los que el éxito también te empujará. Te los pondrá enfrente, pero tú debes poder resistirte y mantenerte equilibrado; no debes dejar que la avaricia o la ambición te consuman, y poder controlarlas.

El ego es como una prueba o una trampa que el mismo camino del éxito te presenta. El proceso al éxito conlleva disciplina y esfuerzo; si uno no está preparado para cumplir con todo aquello que el éxito exige cuando lo has alcanzado, la arrogancia puede arrojarte al fracaso otra vez. Si en tu proceso de crecimiento no entiendes la responsabilidad que tienes, y te dejas poseer por el ego, éste te destruirá. Y si lo refiero es porque yo estuve ahí, hace mucho tiempo, el ego casi me destruyó.

Yo comencé una carrera de ventas cuando tenía veintiún años, muchos años antes de venir a Estados Unidos. A esa edad tan corta, mis veintiún años, pude conocer una gran cantidad de dinero, y siendo tan ingenuo todavía, empecé a sentirme más que los demás. Pensé que yo podía y ellos no, y así me comporté con ellos. Me di cuenta que mi propia arrogancia era la que me cerraba puertas y la razón por la que me estaba quedando solo. Así entendí. El haber sentido que lo perdía todo me hizo darme cuenta de que no era lo que quería, comprendí que así no funcionaban las cosas, que debía aprender a manejarlo. Entendí que uno a veces se deja vencer por el ego porque nunca ha tenido aquello que de pronto está recibiendo, en este caso, la abundancia, el dinero. A veces puede hacerte sentir superior a los demás. Uno no puede dejar que esto ocurra.

No debemos olvidar nuestras bases, y recordar que siempre deben estar en equilibrio: la espiritual, la familiar y la económica. Seamos responsables con las tres. No permitamos que se nos pierdan de vista.

Esto significará mantenerse siempre humilde en actitud y comportamiento. Porque lo importante en realidad no es el ingreso si uno no ha sabido dominar sus emociones, equilibrar los tres aspectos importantes de su vida, entonces terminará por malgastarlo, se dejará llevar por la arrogancia y terminará peor que como empezó. Es por esto que uno debe cuidar mucho su ego, aprender a mantenerlo estable y no dejar que te controle. Uno puede entrar en un proceso de autodestrucción sin haberse dado cuenta, y todo a causa del ego. La única cura contra él es la humildad.

A mí casi me destruye el ego una vez, pero entendí que nunca debí sentirme superior y logré regresar a la humildad. Cuando me percaté que sólo así podría aprender realmente, entonces fue que crecí.

Decidí que debía abrir mi mente y mi corazón a la humildad para permitir que todo conocimiento entrara en mí, me dejé enseñar desde cero. Entender que no sé nada pero que puedo aprenderlo todo fue lo que me permitió lograr en cinco años lo que tengo hoy. Yo nunca dejaré de buscar mentores, maestros, porque sigo pensando que todavía tengo mucho que aprender. Hay mucha gente que sabe más que yo, siempre la habrá, lo único que yo puedo hacer es buscarla, preguntarles cómo lo hicieron, escucharlos con atención para aprender a hacerlo, y luego preguntarme a mí mismo cómo puedo hacerlo mejor. Sé que todavía no he alcanzado ese nivel máximo que otros sí y por eso estoy dispuesto a aprender y aprovechar cada enseñanza y volverla parte mía. Cuando la mente de uno pide expansión, entonces debes alimentarla; si quieres alcanzar el siguiente nivel, deberás recurrir entonces a un mentor.

Me considero a mí mismo un estudiante permanente, nunca me conformo con lo que ya sé, porque sé que siempre puedo y podré aprender más. Y no me valgo únicamente de educadores o mentores, hablo también de la importancia de los libros, los audiolibros, los *podcasts*, los documentales, la televisión, las redes sociales, etcétera. Uno debe mantenerse en aprendizaje constante, siempre dispuesto a recibir la información y aprovecharla.

Yo no voy a hablarte de cosas que no sepa. Pienso que es importante la humildad en este aspecto y dejarse enseñar y sorprender todo el tiempo. Sólo así es que me atrevo a compartirlo. Porque he estudiado lo suficiente, me he preparado lo necesario y he vivido lo suficiente como para poder enseñarte ahora.

Así que no me guardaré ningún secreto.

Con la misma humildad con que lo recibí, estoy dispuesto a compartir todo aprendizaje con quien quiera escuchar (o seguir leyendo) y aprender de mí, tomarme como referente y así acercarse un poco más al triunfo.

El mundo del emprendimiento tiene riesgos, no es un camino sin baches. Si decides transitar este camino y entrar a este mundo, debes hacerlo sabiendo que inevitablemente y más de una vez atravesarás zonas de turbulencia. Uno debe ser consciente en todo momento del proceso, para estar listo cuando te toque, y saber cómo sortearlo. Uno debe mantenerse ecuánime ante cualquier perturbación, y esa es la prueba que entrar a este mundo conlleva. Hay que saber que es algo que siempre estará ahí, que nos toparemos con dificultades todo el tiempo y que hay que aprender a identificar en cuanto aparezcan:

¿Esta voz que escucho es la de mi ego?

¿Este miedo es verdadero o es una excusa para no atreverme? Sin duda son cuestionamientos que vale la pena hacernos constantemente.

El emprendimiento

Cuando uno decide emprender o arrancar un negocio, las voces comienzan a aparecer en tu cabeza; las inseguridades y los miedos se potencian al máximo, y lo peor no es que estas voces se presenten, siempre a través de palabras y pensamientos negativos, sino que muchas veces decidimos escucharlas y otras veces incluso les haremos caso.

Estas voces te harán regresar a tu zona de comodidad, a lo que estabas acostumbrado, ese lugar en el que te sentías seguro. ¿Qué pasa si esto ocurre? Que entonces te has rendido.

El mundo del emprendimiento conlleva siempre esto: la pregunta, la duda. O, como yo le llamo: la turbulencia.

No intentes entrar a este mundo si no estás listo para enfrentar todas aquellas nubes, pero si decides hacerlo, hazlo sabiendo que el miedo estará siempre ahí, junto a ti. Ese miedo junto a ti viene de un lugar más alto, superior, que decidió ponerlo ahí como una prueba. Ese miedo intentará paralizarte al principio, pero si uno es listo y se mantiene firme ante él, podrá domarlo y eventualmente transformarlo en un motor: en esa voz que te despierta temprano y te ayuda a hacer todo lo que tienes que hacer.

Debes mantener siempre claro el equilibrio de tus relaciones: la familiar, la espiritual y la financiera, además del ego y tus emociones; pues ahora cargas con la gran responsabilidad de tu propio proceso en el camino al éxito.

No existe un único camino para alcanzar la libertad financiera; hay muchas maneras; sin embargo, la verdad es que no todas funcionan de manera tan efectiva, ni tan rápida. Y no están explicadas o planeadas por gente que lo haya logrado antes. En este tipo de industrias, mucha gente te contará de su éxito, pero jamás te revelará cómo llegó a lograrlo. Yo te voy a contar del camino que me funcionó a mí y te revelaré exactamente eso, te diré cómo se hace, como ya he comentado, de brújula y también como un soporte.

Pero tu camino siempre dependerá de ti únicamente. Tu negocio eres tú, y eso debes tenerlo siempre muy claro. Eso que estás haciendo es por y para ti. El día que salgas a tratar de vender algún producto a la calle, debes entender que el producto eres tú: armado siempre como un todo. A mí me tocó hacerlo así. A mí me tocó armarme como el empleado de una compañía que representaba, pero yo no era un empleado de ellos. Ellos eran la corporación que me respaldaba mientras yo construía lo que hoy puedo llamar imperio.

El miedo siempre estará ahí, te reitero. Cuando yo arranqué el miedo estaba ahí, pero puede paralizarte o potenciarte como en mi caso; el miedo a perder lo que estaba construyendo o perder lo que tenía, me hizo brincar y descubrir una oportunidad de crecer. Este mismo miedo es el que ahora me tiene escribiendo un libro porque entiendo que debo dejar un legado, que debo hacer que el mundo entienda que lo que hay son nuevas maneras de hacer dinero y de vivir, de crecer en este país y que el sueño americano se mantiene fuerte y vivo. El miedo es el asesino más grande del planeta. Es el mismo miedo que yo sentía cuando me venía a Estados Unidos, el mismo miedo que tengo hoy de volver a mi país, especialmente en las terribles condiciones en las que se encuentra en la actualidad. El mismo miedo que sentía al empezar es el mismo miedo que ahora siento ahora, pero al parar.

Después de dos intentos, pasé el examen y recibí mi licencia como agente de seguros. Un éxito que sentí apoteósico; porque es fácil sentirse solo, abandonado, en una carrera que depende únicamente de tu estabilidad emocional, del creer y del confiar. Yo necesitaba creer y eso hice. Porque le prometí a mi familia un futuro mejor. Porque tenía que luchar contra la duda, mis propias dudas, y todo el miedo que tenía. En nuestra cultura es normal pensar que el mundo conspira en contra tuya, que hay algún motivo oculto y desconocido que persigue nuestro fracaso.

Ese pensamiento es un freno, y ese freno realmente está hecho de nosotros mismos, de lo que hemos creído a lo largo de nuestras vidas, de todo aquello que alguien nos enseñó y nosotros creímos. Estamos así culturalmente programados, y a cada quien le toca luchar contra todo aquello de sí mismo que le representa un freno y no un impulso. Uno no debe dejarse llevar ni convencer por aquello que dictan las masas. Las masas no siempre están en lo correcto; a veces, escuchar las voces del pensamiento colectivo es lo peor que uno puede hacer: en las masas está el miedo malsano, por ejemplo.

Pareciera como que el ser humano estuviera programado para perder, programado a fracasar. Es a lo que estamos acostumbrados, lo que se nos enseña todos los días. La regla es el fracaso; la excepción sería el éxito. ¿Cómo no tenerle miedo a esa sentencia? Dejar de creer en ella resulta casi imposible, si se nos recuerda a diario. Cuando tengamos claro que la excepción a aquella regla puede ser tan común como queramos, que la excepción podríamos ser nosotros si tan sólo nos lo proponemos y nos preparamos, sólo así podemos empezar a hacer un cambio en cómo nos han codificado. Nuestra mente puede reprogramarse y concentrarse únicamente en la idea y la creencia de que merece el triunfo.

El juego de la mente es vital, y hay que saberlo manejar para el beneficio propio, no lo contrario. A mí me enseñaron desde joven que ser rico era malo y que ser vendedor sólo significaba que no habías estudiado. Aquí aprendí otra cosa. Fui en contra de mi propia naturaleza y de todo aquello para lo que estaba condicionado.

Hay que aprender a dominar no sólo la decepción, también el optimismo desmedido. Mantenerse en este sentido, también en equilibrio y siempre objetivo porque en este negocio hay días malos. Así como en todos, uno no escapa de ellos; sin embargo, por más días malos que transcurran, en este negocio no hay malas semanas. Porque en menos de noventa días uno empieza a notar los resultados, el cambio. A veces hay días en que uno no concreta nada, y así en los *Final Expenses* como pasa en cualquier otra cosa, y uno no lo sabe sino hasta que lo vive, por lo menos al principio, pero debes dejar que pasen, por lo menos, esos noventa días.

Uno debe tener bien claro esto para no dejarse vencer e irse irremediablemente hacia el lado negativo. Muchas personas, no sólo los agentes de seguro, se dejan llevar por las experiencias de fracaso, sobre todo de sus iguales. Uno debe aprender a no escuchar a esas personas, a no tomarlas como referente. La gente que no ha obtenido resultados es aquella que no se mantuvo consecuente en la ejecución del sistema, que no fue firme sino que se rindió ante el primer obstáculo, porque no supo controlar sus emociones.

La mente no debe encontrar su referente en aquel que no triunfó, sino en quien lo hizo. Si lo que uno quiere es ganarse doscientos cincuenta mil dólares, entonces debe hablar con aquella persona que ya los ganó. ¿De otra manera, por qué estaría yo diciéndote esto? Yo soy esa persona que podría ser tu consejero porque puedo garantizarte resultados en menos de noventa días. Cuando uno encuentra a la persona indicada o a su mentor, entonces esa línea es la que debe seguirse. Espera noventa días nada más después de haber empezado para ver qué ocurre, y si empiezas a notar cambios, entonces estás en el camino correcto.

El guía que tú escojas no querrá más que tu triunfo porque un buen maestro sabe muy bien que el triunfo del otro también es el suyo. Yo no estaría escribiendo un libro, si fuera de otra manera, por ejemplo, puesto que he tenido buenos guías y me encantaría ser uno para ti.

En este país uno entiende y es testigo de que un millonario es una persona respetable, que se ha trazado y ganado un camino de manera honrosa y venerable, y por tanto está bien admirarlo e incluso tratar de seguir su ejemplo. Ese "millonario" tan satanizado por muchas culturas e ideas es aquel que ha alcanzado la libertad financiera, alguien que se ha superado como persona y ha conseguido llegar al horizonte que se trazó. Más que rechazarlo, deberíamos aprender de él, y no sólo volverlo nuestro ejemplo, sino seguirlo. Todos los días.

Seguir ese ejemplo que nuestro mentor nos ha sabido mostrar y seguirlo con constancia, y disciplina.

La gente puede vivir muy normalmente dentro de una zona de comodidad, sin darse cuenta de que la mayor parte de su vida se les va en ese aparente confort, que se ha vuelto un círculo vicioso en el que de pronto resulta que no hicieron nada nunca. Hay mucha gente que llega a los setenta y cinco años, sin darse cuenta de que nunca hizo nada distinto y por eso nunca llegó a diferentes resultados. ¿Cómo es posible haber llegado a tal edad con los mismos ahorros con los que empezaste? Porque no comprendiste aquellas voces, no supiste equilibrar tus emociones ni tus pensamientos; sino que hiciste caso a lo contrario, te dejaste convencer por las masas, por tu propia cultura; no supiste cómo dominar el miedo y por lo tanto permitiste que te dominara a ti.

A mí me lo decía mi padre, por eso es que sé de qué estoy hablando. Mi familia nunca fue millonaria; pero yo no permití que las ideas con las que mis antepasados crecieron me afectaran; mucho menos ahora que me encuentro en esta patria. Si vine a Estados Unidos fue por la oportunidad que el país me extendía, la cuna del capital, la primera potencia económica del mundo. ¿Cómo podría yo darme el lujo de morirme pobre en esta sociedad? Sólo por no saber verlo, por no tenerlo claro. Uno debe preguntarse y responderse con mucha sinceridad: ¿No soy capaz de ganarme un millón de dólares o simplemente no estoy siendo capaz de ver todas las oportunidades que existen? Nuestra cultura no ha sabido enseñarnos a mirar; sin embargo, hay gente ansiosa, que busca algo más, que quiere oportunidades y que está dispuesta a trabajar. Esa es la gente para la que escribo, para aquellos dispuestos a emprender, a adentrarse en el camino y actuar en consecuencia. Y es que, desde mi experiencia, uno no alcanza la libertad financiera de la noche a la mañana, sino que debe prepararse y trabajar todos los días.

Quiero que todos aquellos que están leyendo sepan y tengan esta certeza: las opciones existen, el triunfo de uno está tan cerca como uno mismo lo crea. Sólo hay que saber mirar y aprender a confiar.

¿Por qué no asumir que uno puede triunfar? Siendo hijo de Dios (sin importar el dios en que cada quien crea) entonces puedo saber que no hay manera de fallar. Y eso es algo que uno puede dar por sentado. La fe es inamovible y hay que aprender a mantenerla, a confiar en ella, a usarla como guía, pues ésta jamás flaquea. Dios quiere cosas buenas para todos, para ti, para mí. No se trata de rogarle, sino de creer en su bondad y su sabiduría, y así agradecerle.

No roguemos desde el resentimiento que, a veces, puede ser cultural, aprendamos a transformarlo en agradecimiento.

Aprovechar la oportunidad que un nuevo país te presenta y preocuparte por entender cómo funciona este nuevo sistema al que decidiste ingresar cuando escogiste éste y no otro lugar para vivir. Conocer el sistema capital, las empresas, el dinero, entenderlo y dejar que me absorba. Si yo me vuelvo parte de ese funcionamiento quiere decir que lo he comprendido y entonces el mismo sistema me lleva. Es como aprender a remar una lancha sobre un río sinuoso y desconocido, hay que saber leer sus curvas, sus corrientes y sus flujos, para poder navegar en él, con dirección y destreza, y así alcanzar nuestro destino.

Nunca se deberá navegar en contra del sistema porque será imposible avanzar, mucho menos se podrá alcanzar el triunfo.

Uno como inmigrante debe empezar por entender esta parte, saber que debe abrir su mente y su mirada, para ser parte del proceso y así llegar al destino. Esa es la clave. Yo lo logré en cinco años. Me tardé menos que un americano. ¿Cómo fue posible? Porque comprendí que el americano realmente no necesita nada más, que vive en una sociedad millonaria, en la que puede trabajar de cualquier cosa que quiera. La mano de obra no les corresponde, siquiera, así que saben muy bien qué hacer, si tienen dólares de sobra entonces saben que deben invertirlos, porque eso forma parte de su cultura, así les enseñaron, así es su mundo. Nadie extraña lo que no ha tenido y por eso no piensan en que podrían necesitar algo más. Están bien pero, cuando uno debe comenzar desde cero en un país que puede no aceptarte, entonces es cuando uno más trabaja, porque está buscando recuperar un territorio que vio perdido y debe esforzarse más que nadie para ganárselo.

Es ese anhelo lo que le da fuerza a uno, ese deseo ardiente se transforma en un motor que nos brinda ímpetu para lograr cualquier cosa que nos propongamos. Cuando lo único que uno desea es un espacio, reconocimiento y triunfo, entonces el mismo deseo impulsa y se vuelve una ventaja para alcanzar lo que nos planteemos como objetivo. La clave está simplemente en hacer cambios culturales, recodificarnos, abrir la mente y el corazón, saber entregarse al deseo de triunfar, entender cómo funcionan los sistemas del que es partícipe, y seguir sus reglas.

El cuadrante del dinero

Para alcanzar la holgura económica, uno debe atravesar varios procesos porque el producto, finalmente, resultas ser tú mismo como lo he dicho desde un inicio y de manera reiterada. Todo aquello que haces debe ser siempre por y para ti, porque cada paso que has dado, cada obstáculo que has sorteado y cada libro que has leído, están siendo las partes que terminarán por conformar ese todo que eres tú, y es a ti a quien le toca armarse.

Formarse como empresario o a partir de la idea del emprendimiento no es fácil; sin embargo, es lo que la misma carrera te exigirá día con día: fuerza y capacidad de apertura, sobre todo, mental. No olvidemos nunca que la humildad es un elemento clave dentro de tu proyecto. Ser humilde quiere decir que uno entiende su deseo por aprender, su disposición para caminar hacia el objetivo, siempre con esfuerzo, tomando en cuenta los obstáculos. Uno sabe que continuamente estará aprendiendo cosas nuevas, y debe estar listo para aprovecharlas. Ser empresario es formarse alumno y mantenerse de manera permanente siendo aprendiz. Porque lo más importante dentro de este proceso es y siempre será la mente. Es lo primero.

Yo siempre he dicho que los pensamientos son como semillas. Uno debe cuidarlas muy bien si lo que espera es que florezcan o que algún día den frutos. La única manera de regar esas semillas es con aprendizaje constante:

libros, audiolibros, documentales, conferencias, museos, exposiciones, películas, música, etc. No hay que olvidarnos de lo vital que debe ser mantenerse siempre estudiando, leyendo y aprendiendo.

Me gusta hacer la comparación y pensar que si yo fuera *fitness* me gustaría serlo en el cerebro. Si bien el cerebro no es un músculo, sino un órgano, es el único de éstos que podemos ejercitar y expandir. Uno debe entrenar su mente y buscar llevarla en todo momento al límite, hambrienta de aprendizaje.

Debes entender que no te será posible llevar a cabo este negocio con éxito, ni éste ni ninguno, a menos que te alimentes y hagas crecer tu cabeza con la ayuda de ideas, de lecturas, incluso libros de autoayuda, aunque no lo creas. Uno debe ser fuerte en cada una de sus partes: en su área familiar, su área espiritual, su relación con el dinero y su relación con el aprendizaje y con su propia mente.

Uno necesita leer y fortalecer el único órgano que puede fortalecerse como otro músculo. Si uno quiere ser referencia de otro, entonces se necesitará tener la mayor cantidad posible de referencias, a su vez, haberse imbuido de todas ellas, para luego poder expresarlas y extenderlas. Sólo así es que uno crece, y si uno viene preparado o dispuesto a prepararse entonces crecer no le será dificultad.

En los *final expenses* uno tiene la oportunidad de crecer y expandirse hasta donde le sea posible, pero la mayor ventaja es que no se necesita ser un experto para comenzar. Puedes empezar desde cero, eso no importa, lo importante es que empieces. Arrancar primero, y nunca aminorar el paso en el camino hacia tu meta. Se trata de mantenerse firme y seguro paso a paso aunque se sienta repetitivo; la repetición no es mala, sino todo lo contrario.

La repetición te ayudará a entender para luego dominar tu proceso, cada vez con mayor maestría. La repetición en la experiencia termina por volverte experto. Puede ser que a la primera sientas que no entendiste nada, que todo salió mal, pero en la segunda entenderás que no, para la cuarta no cometerás errores, para la sexta incluso lo harás todo más rápido, y para la décima no volverás a dudar de ti mismo nunca más.

Tu experiencia te permite avanzar. Ese es el proceso de especialización. Cuando uno logra dominar aquello que empezó y aprende a hacerlo con maestría, termina por ser un experto. Seamos expertos de la experiencia, aprendamos a acostumbrarnos a ser buenos, a triunfar. Ganar puede volverse un hábito si uno aprende a verse como ganador desde el principio. La clave está en la repetición. Se trata de acostumbrarse a ganar, y yo te enseñaré cómo. El secreto está en el hábito, repetir tantas veces que uno es un ganador como sean necesarias hasta que uno se convenza.

Hoy pienso que estoy aquí porque he descubierto, a lo largo de estos años, que tengo un propósito de vida, y no es el dinero, no estoy buscando ser millonario y nada más. Mi propósito de vida es ser fuente de luz para quien la esté buscando en medio de la oscuridad. No todos lo harán, pero yo esperaría que muchos sí. Yo pienso que todos tienen el derecho a saber las mismas cosas que yo he aprendido, no tengo por qué guardarme mis conocimientos como si fueran un secreto, no se trata de eso. La oportunidad que a mí se me presenta para ayudarte es tan valiosa como la oportunidad que te ofrezco.

Yo he vivido mi proceso, y me ha tomado tiempo. No ha sido tan sencillo. He estudiado diferentes cosas de muy variadas fuentes, para estar donde estoy ahora. Por eso te lo cuento, a manera de testimonio, como si pudiera ser un legado. Ojalá lo sea.

Mucha gente te enseñará y hablará del éxito, seguro ya has escuchado muchas cosas sobre esto, pero nadie te dice cómo. Yo te voy a mostrar, paso a paso, cómo hacerlo. A partir de mis referencias, a partir de mis conocimientos, mis experiencias y todas mis lecturas. Repito: uno debe ser un humilde alumno dispuesto a aprender y a superarse todos los días de su vida. En la repetición está la clave, no lo olvides.

No desesperes, sé paciente, porque te garantizo que llega un día en que la mente entiende y entonces todo cambia. Ese día en que te reconoces como un ganador, el momento en que tu mente ha podido integrar el pensamiento como un modo de vida, entonces comienzas a actuar en consecuencia. Puede ser que te des cuenta al momento o que te tome tiempo verlo; no es lo que importa. Lo importante es que ese día llegue, que te hayas vuelto aquel ganador que triunfa constantemente. Porque supiste dominar tu propia experiencia: supiste escuchar, entendiste todo lo que debías aprender, y ahora eres consciente de cómo hacer crecer tu potencial de ingresos. No sabes cómo, pero de pronto un día así ocurre, tu potencial de ingresos empieza a crecer. Ese día llegará y yo puedo garantizarlo.

Las más grandes lecciones que he obtenido de la vida han sido gracias a los *Final Expenses*, una de ellas es la honestidad. Virtud básica, pero que no todos ejercitan. Yo ejercito y ejerzo la honestidad a diario, todos los días. Porque aprendí que para crecer, no sólo como persona, sino como empresa o institución, lo primero que uno debe ser es honesto. Así como yo tuve que ser honesto desde el día uno que llegué a vivir a los Estados Unidos, de otra manera no hubiera podido avanzar. En primer lugar: no hubiera podido entrar a este país.

Si yo no le hubiera dicho la verdad a aquel colombiano que presentó su conferencia, si no le hubiera dicho que todavía no tenía mi permiso de trabajo, no sé qué estaría haciendo yo ahora. Necesitaba ese tiempo para estudiar y ganarme la licencia como agente, aun sin haberlo sabido en ese momento. Hoy sé que el universo me recompensó a su tiempo, porque el universo es sabio, así como lo es Dios. Yo dije la verdad aquel día, y no he dejado de decirla. Vivo bajo ese precepto.

En los *Final Expenses* no se puede mentir tampoco, así como en ningún aspecto de nuestras vidas. ¿Por qué? Porque si mientes no vendes. La mayoría de las personas podría pensar que un vendedor lo vende todo, incluso sus propias palabras, pero vender no es malo, mucho menos si uno es honesto. Saber vender no quiere decir manipular en el mal sentido de la palabra, saber vender quiere decir emplear de manera magistral la palabra; y si uno es bueno vendiendo, entonces jamás será necesario mentir para hacerlo.

Porque en realidad no se trata de que la gente no te compre un producto: ya sea una póliza de seguro o una promesa o un libro; cualquier producto que estés vendiendo, porque yo sé que lo verdaderamente primordial es que yo esté lo suficientemente preparado y bien armado para hacer que me lo compren. Y la única manera de hacerlo es estudiar, tanto como observar.

Cuando uno observa y aprende de lo que mira, entonces comprende un poco más allá. Después de tanta experiencia, de tanto andar en una rutina, uno puede darse cuenta, a partir del primer error, no se necesita más que uno, de qué quiere escuchar la gente y de qué no quiere oír. Cuando uno toca tantas puertas ofreciendo un producto y recibe rechazo, porque siempre existe la posibilidad de ser rechazado, y uno debe ser consciente, entonces aprende a aprovechar este rechazo y lo usa como ventaja, como un beneficio o algo positivo en vez de usarlo en su propia contra. Cada rechazo se vuelve una nueva posibilidad de aprendizaje, de aprovechamiento. Así entendí que a las personas y no sólo las personas *Senior*, sino que, en general, prefieren siempre escuchar la verdad. La gente está muy acostumbrada a que un agente de seguros llegue a venderle cualquier cosa a como dé lugar y todo mundo sabe muchas veces, cuando la desesperación por vender un producto es tan fuerte, los vendedores están dispuestos a decir cualquier cosa para lograr su venta; por eso es que no sirve la persuasión o la manipulación, la exageración, mucho menos la mentira. Uno siempre termina dándose cuenta cuando alguien más le ha mentido; por eso, yo siempre digo que lo mejor que uno puede hacer es prepararse y siempre decir la verdad. Si quiero que alguien compre mi producto busco la manera de hacer mi conversación más atractiva cada vez, más precisa y placentera; nada exagerado ni adornado.

Cuando usted tiene una licencia como agente de seguros no puede mentir. Pero a veces uno piensa que si dice las cosas como son entonces no se logrará la venta; sin embargo, la venta se efectúa cuando hay claridad de por medio. Lo que las personas buscan y quieren es alguien que le diga la verdad tal y como es. Porque soy honesto es que ofrezco y entonces lo vendo. No podría estar yo tan seguro o confiado de mi producto si no creyera en lo que vendo. Por eso muy conscientemente no sólo ofrezco sino que garantizo la efectividad de mi producto. ¿Por qué? Porque mi producto soy yo mismo.

En mi caso, yo no tomaría como referencia para mí a una persona que no haya logrado lo que yo estoy buscando lograr; por eso entiendo que no se trata sólo de aprender el qué, sino también saber de quién se aprende. ¿Con quién podemos identificarnos? ¿Con quién QUEREMOS identificarnos? ¿De quién es ese camino que nos gustaría seguir? ¿Podemos investigar más a fondo sobre su proceso, sobre el camino?

Y es que nunca hay que olvidar, en ningún aspecto, lo vital que es documentarnos, educarnos, estudiar todo el tiempo; sin importar de qué forma, a través de qué manera. No seamos conformistas ni nos permitamos la indulgencia. Se trata todo el tiempo de buscar, de investigar, de encontrar nuevas referencias, mirar desde diferentes perspectivas todos los días. Y así como te lo aconsejo, porque a mí me ha funcionado. Yo he buscado seguir los caminos de aquellas personas que me inspiran todos los días.

Uno debe observar muy bien en dónde se encuentra ahora y preguntarse hasta dónde quiere llegar. Muchas veces dentro de mi proceso me he detenido para considerar y cuestionarme el nivel económico y personal que quiero alcanzar y qué debo hacer para llegar hasta allá. Se debe seguir el proceso adecuado para poder armar el plan y efectuarlo, entender y adaptar nuestros puntos fuertes, así como también los débiles, y cuáles son las áreas que más nos interesan. Uno no puede hacer esto solo, no es fácil, por eso te aseguro que será primordial buscar siempre seguir aprendiendo. Y es verdad que uno logrará descifrar muchas cosas por cuenta propia, pero no debe ser así nada más.

En el mundo estamos todos para ayudarnos los unos a los otros. No olvidemos esto nunca. Pero es justo esa la razón por la que te extiendo este consejo, escucha y aprende de las demás personas, no sólo de aquellas que te encuentras en tu camino diario o con las que vives, pues siempre tendrán algo que enseñarte, todos los días puedes aprender algo nuevo si estás dispuesto, también es esencial buscar la orientación y educación de todos aquellos que ya lograron antes aquello que tú quieres, y trata de comprender la manera en que lo hicieron.

Robert Kiyosaki es un empresario, inversor, escritor, conferencista y orador motivacional estadounidense a quien yo admiro mucho. Sus libros son guías a las que yo puedo regresar cada vez que lo necesite. La misma intención tengo yo mientras escribo esto: ayudarte, ser para ti una referencia o quien te guía.

En este aspecto, y para entrar directo en materia financiera, retomaré una idea de Kiyosaki sobre el cuadrante del flujo de dinero. Ésta explica las cuatro maneras básicas para obtener ingresos en la sociedad actual.

El cuadrante del dinero está representado por un diagrama en forma de cruz, en la que cada uno de los cuadrados que se dibuja adentro representa una manera distinta en la que es posible obtener ingresos dentro de nuestra sociedad:

Empleado	Dueño de negocios
Autoempleado	Inversionista

Procederé a explicarte rápida y sencillamente cada una de ellas:

1. La primera sección es la del empleado, que intercambia su tiempo y su esfuerzo por dinero, si no trabaja no recibe el pago.

2. La segunda es la del autoempleado, donde uno se ha vuelto representante de su negocio, y sus ingresos dependen del tiempo que decida invertir en éste.

3. La tercera es la del empresario o dueño de un negocio, donde éste ha logrado un sistema en que el dinero que él mismo invierte mantiene su negocio, y ha podido contratar personas que trabajen para él.

4. La cuarta es la del inversionista, que es quien ha logrado que el dinero trabaje para él, generando ingresos residuales, que son aquellos que no dependen de tu tiempo ni tu esfuerzo, sino que te brindan libertad.

Pienso, y es algo que he aprendido gracias a mi experiencia, que uno debe atravesar cada parte del cuadrante, y en el orden correspondiente, para poder alcanzar la holgura económica. Uno no puede ser autoempleado si no ha sido antes empleado; mucho menos podrá ser inversionista si no ha sido dueño nunca de su propio negocio. Porque no sabrías cómo funciona una empresa o la disciplina que un empleado necesita; hay que empezar desde abajo, porque así es como se aprende: tú vas a tener que ser un empleado durante muchos años de tu vida porque sólo así te formarás.

Ninguna sección del cuadrante es mejor que la otra; cada una tiene sus ventajas y desventajas; sus puntos fuertes y puntos débiles. Porque para dar cada salto dentro del cuadrante, uno requerirá cada vez más esfuerzo, más constancia y más trabajo. Porque cuando uno ha logrado armarse en su propia totalidad, después de haber alimentado su cultura y expandido su mente, lo que sigue, y como parte del mismo proceso, será ver resultados, el crecimiento de sus ingresos, y de salto en salto podrá transitar todo el cuadrante.

Al final, uno sabrá comportarse dignamente frente a la prosperidad. Y eso lo vuelve a uno respetable.

Se trata también de comprender que uno no es mejor si está en la última sección del cuadrante o si ha decidido quedarse para siempre en la segunda, por ejemplo. Es posible que al terminar de leer este libro, algunos decidan cambiar la manera en la que obtienen su ingreso para alcanzar la sección del cuadrante a la que aspiran o que se sientan satisfechos ocupando el lugar que tienen en este momento. También podría ocurrir que elijas operar en más de una de las secciones; esto también es posible; tanto como ocupar los cuatro cuadrantes al mismo tiempo. Todos somos diferentes y debemos ser conscientes de que ser diferente está bien; porque así como cada sección del cuadrante tiene sus peculiaridades, ninguno es mejor que el otro, y cada uno de nosotros está formado tanto de sus debilidades como de sus fortalezas. El mundo necesitará siempre personas en cada sección de este cuadrante; pues sólo así se asegura la estabilidad financiera de una comunidad. ¿Me explico? Dentro de una comunidad, el cuadrante está lleno y deberá siempre estarlo; pero, para una persona, un individuo, así como quien está detrás de estas páginas leyendo o frente al papel escribiendo, para todos por igual se trata de decidir cuál de las secciones vas a ocupar. Porque es tu vida y tu estabilidad financiera lo que está puesto en juego.

Así que pregúntate lo siguiente: ¿cuál es el nivel del juego en el que quieres estar?

Porque el mundo está lleno de gente con intenciones de emprendimiento. Hay quienes se sientan frente a una computadora en un escritorio o aquellos que han logrado títulos como el de gerente o vicepresidente y quienes se llevan un salario decente todos los meses a casa. Y también existe el otro lado de esta moneda: aquellos que simplemente decidieron no estar interesados en subir esa escalera corporativa o que pierden interés en los negocios o en el campo en que laboran. Y es normal. Son elecciones personales.

Además, todos pasamos por cambios, podemos empezar pensando que queremos ser empleados y luego cambiar de opinión. Porque crecemos, maduramos, envejecemos, y a menudo nuestras experiencias, decisiones y vivencias, nos harán buscar nuevas vías de crecimiento; atravesaremos diferentes desafíos y cada vez encontraremos diferentes recompensas, tanto financieras como personales. Lo importante es atreverse, desarrollarse, creer en uno mismo y dar ese salto. Sea de una sección del cuadrante a otra, sea la del empleo, la del autoempleo o la del emprendimiento. Existe la posibilidad, por supuesto, de que cada uno de estos emprendedores que han soñado con comenzar y construir su propio imperio, algún día lo logren. Sin embargo, y lo sabemos, no todos lograrán dar ese salto.

Tantas veces he escuchado a tanta gente decir: "Voy a abrir un negocio". Muchas personas piensan que el camino a la seguridad financiera es tan fácil como decir "Voy a abrir un negocio" y hacer lo que ellos quieran o desarrollar un producto que creen original o novedoso. Muchas de estas personas se quedarán atrapadas para siempre en el intento. Sólo unos pocos lo lograrán. ¿Por qué? Porque las habilidades técnicas y humanas para ser exitoso dentro de cada sección del cuadrante serán a menudo diferentes. Cada sección te exigirá algo nuevo, más fuerza, más potencia, más trabajo. Y el secreto está en entender justo eso, que deberás aprender las habilidades y la mentalidad que cada nivel del cuadrante te está exigiendo, si quieres lograr el éxito.

Lo que es verdad también es que la palabra emprendedor significará siempre algo distinto para quien decida usarla. Todos somos diferentes; cada uno de nosotros tiene habilidades y talentos que nos hacen únicos. Cualquiera puede ser emprendedor, eso es lo que quiero que entiendas. No importa quién seas, no importa de dónde vengas, ni tu situación económica, el color de tu piel, tu cultura, tu formación escolar, profesional, tu religión o tus metas. Sabes bien que esa niña del vecindario que empezó afuera de su casa a vender limonadas es tan emprendedora como lo era Henry Ford o Steve Jobs. No importa, y eso es algo que debes tener muy claro siempre. No pienses en la competencia, no pienses en la comparación. Porque si te has sabido reconocer emprendedor, entonces tienes que saberte también ganador, son dos cosas que van de la mano.

Tu trabajo es decidir qué clase de emprendedor eres y entender que cada emprendedor distinto es igual de importante para sus clientes; pues cada emprendedor tiene y tendrá su propio público.

Porque cuando tú logras la experiencia y entiendes que tu volumen de ingresos será exponencial, entonces tu mente de emprendedor surgirá y se mantendrá siempre al frente, entenderás que en este país se celebra esta mentalidad, se aplauden las empresas, se aplauden las corporaciones, y tú eres capaz de dar ese salto hacia el emprendimiento, tú tienes todo el potencial para recibir esos aplausos.

Así que es momento de elegir el cuadrante del dinero en el que quiere moverte, aprender todo sobre él. Emprende ya.

DE EMPLEADO A AUTOEMPLEADO

Yo había trabajado como empleado en Venezuela muchos años atrás e incluso llegué a tener mi propia empresa; sin embargo, en esta nueva historia escrita como migrante, tuve la oportunidad de empezar como autoempleado, porque así comienza la mayoría de los agentes de seguro. En esta industria, el sueldo no existe: porque somos vendedores, nuestro pago es por comisión. De ahí viene esa idea más bien cultural sobre la que te hablaba antes: "Si no estudias, terminarás siendo un vendedor."

Al mismo tiempo que la escribo, leo esta sentencia, puedo escucharla como eco en mi cabeza: "Si no estudias, terminarás como un vendedor, vendiendo cosas de casa en casa", y entonces pienso: ¿si no estudias? Qué frase tan más errada. Creo que yo nunca había estudiado tanto en mi vida como estudié aquellos meses para obtener esa licencia.

Hoy después de cinco años bien sé que en los *Final Expenses* el ingreso es ilimitado, y que en muchos casos puede llegar a ser, incluso, un ingreso diario. Yo llegué a ganar hasta mil dólares al día.

Así que pienso en esa idea sobre que aquel que es ignorante termina siendo un vendedor. Hoy me he dado cuenta de que realmente no hay un solo millonario en la historia del mundo que no haya tenido que vender algo en un principio. Uno está en un proceso constante de venta, y es que uno también debe venderse, todo el tiempo, a sí mismo.

En el caso del autoempleo, en el negocio de los seguros de gastos finales, así debe ser diario. Porque cuando comienzas el proceso del autoempleo, en esta industria, debes comportarte como se comportaría normalmente un empleado, aunque sea sólo para ti. Sólo así podrás llevar el crecimiento de tus ingresos a un próximo nivel.

Conforme el volumen de ingresos va aumentando también la oportunidad de saltar al próximo estado del cuadrante que es ser dueño de tu propio negocio.

Cuando logras la disciplina del empleado siendo el tuyo propio, cuando obtienes la experiencia y la ventaja del ingreso ilimitado, entonces la posibilidad de construir tu propio negocio o agencia se te presentará, lo que a su vez te permitirá un mayor orden de ingreso que eventualmente superará tus gastos, podrás diversificarlos y así no sólo empezarás, sino lograrás desarrollar tu negocio.

Si tú te entrenas y te destacas, triunfarás en cualquier sector en el que estés. Yo lo he hecho a través de los *Final Expenses*, pero hay otras opciones. El sistema de este país realmente está fabricado para que tú seas millonario, si así lo deseas, sin importar la rama en la que decidas enfocarte, mientras trabajes, te entregues y decidas superarte, todos los días. Porque construir un ingreso requiere cierta disciplina.

He visto mucha gente atrapada en este sistema, con los mismos deseos y sueños que yo tuve alguna vez, pero frustrados por no avanzar o no saber cómo. Lo único que la gente necesita es dirección y alguien que sepa orientarte.

A mis cuarenta y dos años tengo la suficiente energía y fuerza para enseñarte ese camino. Yo puedo dirigirte y orientarte, a partir de todo aquello que durante tantos años he transitado y aprendido gracias a esta industria y a esta nueva carrera, para que puedas continuar después tú solo, ya con tu camino trazado y la energía bien proyectada.

Si estás buscando la oportunidad de crecimiento o desarrollo pero no sabes cómo o cuál es el camino, no importa si es en un nuevo negocio o si ya tienes experiencia en esta industria, este texto es una guía. Yo te mostraré mi recorrido y los secretos que ya conozco y con los que he ayudado a otras personas a alcanzar, incluso en un tiempo más corto que yo, el mismo destino. Porque a los nueve meses de haber llegado a este país, ya había encontrado un oasis en medio del desierto, mi luz al final del túnel, como ya te conté en mi testimonio inicial. Qué bendición haberlo encontrado tan rápido; hoy no tengo la intención de guardarme ningún secreto sobre cómo alguien más podría lograr lo mismo.

El sueño americano continúa vigente porque aunque el mundo y el mercado financiero estén en constante cambio y movimiento, tú puedes prepararte y así estar listo para ir al frente. La preparación y el entrenamiento, la constancia y la disciplina, son parte del precio que deberás pagar si lo que quieres es tomar la porción del sueño americano que te corresponde. Porque en este país todos tenemos el mismo derecho, no sólo a soñar, sino a realizar nuestro sueño. Yo he logrado el mío.

Así que después de una conferencia y mucho trabajo como autoempleado, me armé como vendedor, y gracias a mi trabajo en el campo y a mi mente de empresa, entonces pude ser el dueño de mi propio negocio y hoy también soy inversionista.

He logrado atravesar todo el cuadrante y por eso es que puedo contártelo, explicarte cómo se hace.

Para este momento de mi proceso, yo estaba ya decidido a dedicarme a los *Final Expenses*, y es que ¿cómo no iba a aprovechar aquel nicho tan importante y todas las oportunidades y posibilidades que me presentaba? No sólo eso. El ingreso. Yo había podido pagar dos mil doscientos dólares de renta después de un mes de trabajo diario, ¿cuánto más podría ganar? En un año: más de veinticuatro mil quinientos doce dólares.

Que para esta página del libro tú sigas leyendo a mí me hace pensar que el tema te intriga tanto como me intrigó a mí.

Así que continúo, asumiendo que estás interesado, que quieres alcanzar tu libertad económica a través del abanico de posibilidades que te brinda el tema de los *Final Expenses*, y te explicaré qué sigue. Cuál es el siguiente paso a cubrir, si lo que quieres es la posibilidad de atravesar tú también cada segmento del cuadrante del dinero hasta alcanzar tu libertad financiera.

Cuando yo hice mi primera venta, me gané setecientos dólares. En este país, el promedio de salario en el área de Miami es de nueve dólares la hora, si trabajas cuarenta horas a la semana, puedes ganar trescientos sesenta dólares a la semana. Que yo en una hora haya ganado setecientos dólares me hizo entender lo respetable que la industria es. Entendí que si lograba hacer ese dinero en tan sólo un par de horas, entonces iba a tener que entrarle con todavía más fuerza a todo esto. Y así lo hice. Pasó el primer mes y yo había logrado una producción de más o menos diecisiete mil quinientos dólares. Algo todavía más respetable porque lo logré con mi propio trabajo.

Aquí comienza el juego de la venta. Tú eres esa venta, ese producto, ese negocio. El juego de la venta es primordial, porque es justo cuando comienzas a trabajar en este tipo de negocio que aparece un nuevo desafío: el hecho de trabajar de manera independiente, para ti mismo. Porque no tienes un sueldo, trabajas por comisión, te estás exponiendo todos los días al rechazo, y no sabes cómo funciona este sistema, entonces puede ser fácil rendirte y fracasar pronto.

Pero si te mantienes firme y desarrollas los hábitos correctos y sigues las fórmulas precisas, aplicándolas de manera correcta, podrás triunfar en el negocio de los *final expenses* e incluso extenderte a otras ramas de seguros si así lo deseas.

La industria de los seguros da mucho dinero, es una industria muy amplia y fecunda; sin embargo, a mi entender y por mi experiencia, en el aparente caos de los *Final Expenses* el potencial de ingreso es muchísimo mayor. Porque requiere un trabajo de dirección y especialización.

Una de las cosas que yo he descubierto a través del tiempo, en este tipo de industria, es que las personas llegan con la mentalidad de contratar empleados para que hagan el trabajo; pero el modelo está hecho a la inversa, en otros sectores o de otras maneras, quieren enseñar a la gente a hacer esto al revés, a poner primero una agencia y luego un ingreso, pero lo que no sabe es que si empiezas en el negocio como productor, tú empiezas a generar utilidades al ganar tu propio ingreso que, realmente, no tiene un límite. Yo aprendí que si uno inicia trabajando desde abajo, sin pensar en construir una agencia, porque comprende que ahí no está el punto o el objetivo final, sino en construir su propio ingreso, empezando desde cero, hasta alcanzar tus objetivos obtienes mejores resultados. Al construir tu ingreso, se dan tus propios resultados que te pondrán en la posición de líder; porque no hay que dar la palabra, sino el ejemplo. Así se debe liderar, a través del ejemplo. Y en cuanto logras afianzar tu ingreso, entonces viene la oportunidad y el proceso de construir tu propia agencia.

Cuando comienzas el negocio como autoempleado, empiezas generando utilidades, vas construyendo tu propio ingreso, pero la gran ventaja es que no tiene límite, así que llegará el momento en que los ingresos sean tan fuertes que podrás construirte una agencia; pues ahora tienes el capital y la experiencia. No al revés; porque así ahorras y no pierdes.

Mantengamos siempre en mente que en la especialización está el éxito. De la industria de los seguros te segmentas hasta la de los *final expenses*: nuestra área de oportunidad, desarrollo y crecimiento.

La industria de los seguros de los gastos finales involucra un tema que a la gente no le gusta mucho: la muerte; sin embargo, los *final expenses* pueden tranquilizarte mucho, por eso son tan significativos e indispensables; porque te solucionan un dilema importante, que es: ¿cómo quedarán tus gastos y tus deudas después de tu fallecimiento? A nadie le gusta hablar de eso, pero es una realidad. Es algo que todos compartimos. Los *final expenses* te pueden ayudar después de esta situación porque normalmente, cuando ocurre una muerte, es una sorpresa. Nunca nadie está preparado realmente para cuando esto pasa.

Cuando yo entro a la industria de los *final expenses* y empiezo a buscar compañías para respaldarme como autoempleado, descubro que la mayoría de los agentes de seguros están trabajando en seguros de salud, por ejemplo.

En los Estados Unidos, los seguros de salud tienen un problema o una desventaja: tienen una sola temporada en el año, tres meses únicamente es el tiempo de apertura que el gobierno te da para contratar el tuyo. El seguro de salud en este país es obligatorio. Así está controlado: la temporada se abre de tal a tal fecha, y como es obligatorio, la mayoría de las personas lo hace a través de los seguros que te da, como ayuda, el Estado: ésta es una ley que te permite un seguro médico accesible. Una parte del dinero está subsidiada por el sistema, por lo que la gente paga una prima de seguro muy pequeña.

En la mayoría de los casos, la gente no puede pagar un seguro privado; un seguro particular puedes contratarlo en cualquier momento; pero, los obligatorios y menos costosos, sólo pueden contratarse durante tres meses al año. Repito: un seguro de salud es obligatorio, por lo tanto, las compañías que trabajan con estos seguros, pagan una comisión muy pequeña; la ventaja que aparentemente tienen es que, debido a que se abren durante tres meses al año, la gente puede hacer muy buen dinero trabajando durante ese periodo de tiempo. Pero con lo que haces en tres meses no podrás vivir el resto del año; tendrás que buscar otras opciones de ingreso.

Cuando yo me adentro en la industria, noto que la mayoría de agentes de seguros quieren vender los de salud, justo por eso mismo, porque es obligatorio y todo mundo debe tenerlo;

sin embargo, es hasta después de entrar en el negocio que se percatan de los verdaderos desafíos que conllevará todo aquello que en un principio supusieron que sería una ventaja. Porque además de que el dinero que uno puede recibir es realmente muy poco, debido a lo común de los seguros, también resulta que es el mercado donde hay más agentes trabajando, lo que quiere decir que muchos tienen ya sus clientes cautivos.

Otra rama muy atractiva dentro de la industria de los seguros, es la de los autos; pero, como también es obligatorio tenerlo, también paga poco. En el caso de los *final expenses*, como no es obligatorio comprar un seguro para el momento de tu fallecimiento, entonces es una de las ramas de la industria de la que más dinero puede obtenerse. Lo que uno debe aprender es que vender puede ser un arte, y que para esto de vender seguros existe una manera correcta de hacerlo.

El *final expenses* viene a ser entonces muy buena oportunidad porque no tiene temporada. ¿Cuál es la temporada en la que la gente se muere? No existe.

Lo complejo de esta industria es que a la generación que compra o necesita el servicio de los *Final Expenses* no le gusta el internet. A veces no es que no les guste, sino que los *Senior* ni siquiera saben qué es, mucho menos cómo se usa. Sin embargo, existen proveedores de clientes y maneras de llevar el negocio sin la necesidad de llamadas o publicidad en redes: presentarte directamente en sus casas. Tocar cada una de sus puertas. Debes entender, como productor, desde el principio, que debes tomar la forma de un empleado de una compañía. Deberás seleccionar la compañía correcta para ti, en la que te vas a desarrollar primero para luego especializarte.

Me fui dando cuenta de cosas, conforme me iba adentrando en el negocio y conociéndolo, conforme mis ingresos aumentaban, día con día. Fui descubriendo, podría decirse, todos y cada uno de los secretos necesarios para triunfar en el negocio. Porque siempre he sabido mirar diferente. Así como el tema de los *final expenses* me dejó intrigado, porque noté que a nadie le interesaba; así como he sabido mirar siempre, a notar las oportunidades donde nadie las sabe encontrar.

Por ejemplo, me di cuenta de que diciembre fue mi mejor mes de producción. Porque mucha gente está de vacaciones; cosa que, cuando uno trabaja tocando puertas y visitando casas, significa que encontrará más gente en su hogar. Como yo voy directamente a sus casas, a conversar con estas personas, en los feriados, por lógica, es cuando muy seguramente podré encontrarlas. Uno debe tener bien preestablecido desde antes un sistema de trabajo que le funcione eficazmente, tener marcada una ruta y estar previamente entrenado.

Esto tengo que explicarlo porque es lo que yo hago. No para que trabajes conmigo, sino porque mientras tengas clara esta orientación que te dirija, no importa la compañía en que trabajes, puedas desarrollarte y ser exitoso. La gente debe tener siempre la oportunidad de escoger; yo no quiero que trabajes conmigo, a menos que tú quieras. Mi única intención es mostrarte cómo hacerlo, que mi información te sirva, poder ser yo una referencia importante para ti, en tu proceso de crecimiento como empleado y, por lo tanto, empresa.

La industria del seguro y los *Final Expenses*

El tema me cautivó no sólo por las probabilidades de ingreso que proporcionaba, sino por lo especializado que era y que, a pesar de ser un tema tan común y fuerte, a la gente no le interesaba. A nadie le gusta tocar el tema de la muerte; sin embargo, así como es la vida, la muerte también es una industria.

La ventaja que existe entonces, por lo particular y específico del tema, es que si nadie quiere abordarlo, entonces hay más posibilidades de desarrollo y crecimiento, tanto económicas como personales, para aquellos que nos decidimos a hacerlo.

Lo primero que necesitarás es una licencia como agente de seguros. Esta licencia la entrega el gobierno de Estados Unidos en las escuelas que el mismo autoriza. Con el tiempo, la agencia que dirijo, que construí y he desarrollado, ha crecido también; hasta llegar al punto en que tenemos convenios con ciertos lugares donde aquellos que quieren esta licencia puedan inscribirse para estudiar y obtenerla en un tiempo determinado. La licencia puede ganarse en dos o tres semanas, treinta días en promedio; pero, si uno se compromete totalmente, puede lograrlo hasta en una semana.

Obtener una licencia de agente de seguros, como ya conté que tuve que hacer; en un sistema como el nuestro, puede costar inicialmente ciento veinte dólares. Si uno compara otro tipo de licencias, por ejemplo, la que se necesita para poner uñas en un salón, no es mucho dinero, pues una de esta clase puede llegar a costarte miles de dólares por la demanda.

Me he percatado, después de tantos años, de que la clave está en la especialización. En la especificación está el dinero. La gente que gana dinero es porque es especialista en el tema al que se dedica. Una licencia para alguien que quiere dedicarse a cortar el cabello, por lo mismo, puede ser igual o más costosa que la necesaria para poner uñas.

Uno no necesita ser experto en ventas, realmente, lo primero que se necesita es conseguir la licencia. Claro que, el proponerse la idea, decidirse a obtenerla, el entregarse al emprendimiento, y el objetivo de desarrollar una carrera nueva, dentro de los seguros de vida, específicamente, los *Final Expenses* requiere determinación.

Las compañías de seguros te venden aire; sin embargo, éste aire es el producto. Tú estás pagando por ese producto final, ese servicio. Los seguros de salud incluyen muchas cosas, consultas, etcétera, pero detrás de ellos lo que existe es el dinero. En el caso de los *Final Expenses*, ese aire que las personas compran son servicios funerarios y el dinero para liquidar sus cuentas finales. Este dinero no es para dejarle una fortuna a nadie, sino para liberar a tu familia de todo aquello que vendrá después de la defunción. Cuando encuentras el producto correcto con la agencia correcta, que tienen un buen sistema de financiación, que te puede ayudar con el sistema de repago, entonces has encontrado una buena agencia.

El mercado de los *Final Expenses* no tiene temporadas ni tantos agentes trabajando allí. La mayoría están concentrados en los seguros de salud, de autos, del hogar. Los *Final Expenses* tiene, además, la ventaja de que su cliente ya no puede comprar otro tipo de seguro. ¿A qué me refiero? El mercado al que este sector de la industria se limita es al de las personas *Senior*, que tienen más de sesenta y cinco años o forman parte del grupo de la tercera edad. Esto quiere decir que el cliente ya no comprará un nuevo seguro de vida, no es lo que necesita. Esto vuelve todavía más cerrado a este sector de la industria.

Cuando hablamos del tema de la recesión económica, sabemos que existe la posibilidad de que las personas pierdan sus trabajos, y cuando esto ocurre, lo primero que cancelarán son los seguros. Para muchos agentes, esa clase de riesgos son permanentes; hay agentes de seguros que venden seguros para negocios, pero ocurrirá lo mismo si el negocio quiebra.

La economía tiene una tendencia al alza y está bien, sabemos que no será para siempre; cosa que pone en riesgo a muchos agentes de seguros. El sector de los *Final Expenses* se mantendrá tan sólido como al principio, porque nuestros clientes ya no trabajan, pero siguen recibiendo un cheque del seguro social. Por eso es un mercado estable. Las compañías aseguradoras son muy exigentes normalmente; pero en los *Final Expenses* son bastante flexibles, porque el dinero es poco, porque los procesos de aseguramiento son fáciles y más sencillos de venderse. La especificidad del tema da la oportunidad de cobrar más dinero porque estos seguros no son de uso obligatorio, como ya lo mencioné, y ahí hay una clave.

La cuna de crecimiento es muy amplia porque más de diez mil personas, por lo menos en Florida, entran diariamente a formar parte del mercado. Los *Final Expenses* se trabajan de manera muy diferente a las otras ramas de la industria de los seguros. Además, que no hay muchos agentes dedicándose a esta rama, quiere decir que a ti te tocará una mayor cantidad de clientes.

No entraré en profundidad técnica porque no es mi intención. Lo importante de los *Final Expenses* es entender las posibilidades infinitas que ofrece. Normalmente, yo profundizo en las cuestiones técnicas en los seminarios que ofrezco para quienes están verdaderamente interesados y comprometidos. Donde yo entro en materia de manera profunda es en estos seminarios. Te diré cómo generar clientes y te daré los nombres de las compañías.

Yo he investigado, buscado, y no he encontrado mucha información sobre este tema, ni libros ni referencias que te digan cómo hacerlo, mucho menos en español. Por eso también me animé.

Quería ser pionero una vez más de un tema inexplorado; así como me ocurrió también con la industria de los *Final Expenses*.

A lo largo de este libro, de este testimonio, más bien, te explico cómo fue que logré ser no sólo *Top Producer,* sino que llevé a mi agencia de seguros a serlo también de manera nacional, además de alcanzar la libertad financiera. Quiero dejar plasmada mi historia, quiero que tanto tú, que estás leyendo, como otros puedan sentirse identificados con todo lo que contienen estas páginas.

Lo que me interesa a mí es que tú sepas que los *Final Expenses* pueden ser todo lo que tú quieras que sean; en mi caso, yo puedo decirte que gracias a ellos, pude saltar de sector en sector y atravesar en su totalidad el cuadrante del dinero, que gracias a los *Final Expenses* yo he podido ahora invertir y alcanzar la holgura económica.

Este libro es una guía básica si estás interesado en aumentar tu volumen de ingresos de la misma manera en que yo lo hice. Y el mensaje que persiste es que sí se puede, que es posible.

El ABC del vendedor

Hemos logrado representar a la compañía en las primeras posiciones nacionales, quizá algo difícil de creer tomando en cuenta que somos personas que ni siquiera dominan en su totalidad el idioma inglés; sin embargo, y más importante, también somos personas que supieron entender y aprovechar los principios básicos de las ventas, de la persistencia y de la disciplina. Es cierto que el idioma de las ventas, si se controla, puede ser universal; sin embargo, lo primordial será siempre la disciplina. Nada pesa más que la disciplina en este negocio. Y eso es lo primero que uno debe comprender.

En esta industria uno debe entender que su trabajo es el de un empleado. Uno se levanta muy temprano, se pone el uniforme y sale a trabajar; se autorreporta y no regresa a descansar si no ha logrado una cita o una venta. El sentido de urgencia y la necesidad de certeza y de un patrimonio te dan ese empuje vital, son la clave, y lo que a uno puede ayudarle a lograr por lo menos cien mil dólares de ingreso en su primer año. Un ingreso anual tan alto como el de un doctor o un abogado en este país.

Los *Final Expenses* tienen todo el potencial de ingreso para permitirte esa clase de oportunidad; sin embargo, lo único que tienen como desventaja es lo que también tienen como ventaja, esto es que dependen de ti y de nadie más. Así es: este potencial de ingreso depende única y exclusivamente de ti. El empleo es tuyo y tú eres tu propio empleado. Por lo mismo es un negocio autónomo y muy individual, porque se hace de uno y cada uno lo hace para sí mismo; sin embargo, aquel que ha logrado dominar el proceso, también comprende que la única manera de crecer y desarrollarse más, pero no sólo él sino todos y cada uno, es aprendiendo y ayudando. Aquel que conoce el sistema y ha logrado controlarlo, comprenderlo en su totalidad, será quien te comparta sus conocimientos y experiencias.

Sólo así será posible armar una cadena de triunfo y éxito. ¿Me explico?

Así que voltea en ti mismo y pregúntate de qué eres capaz, qué tan dispuesto estás a despertar tan temprano como sea necesario todos los días. ¿Es tu perfil el indicado para ser un agente de seguros? ¡No te preocupes por la respuesta! Puede no serlo; realmente eso no importa, sino qué tan dispuesto estás a hacerte encajar en el perfil. Puede ser que no estés acostumbrado a despertar temprano o no te guste en un principio la idea de usar uniforme diario, pero si estás interesado en dedicarte a los *Final Expenses*, a aceptar esta vida de emprendedor, a aprender todos los días y tratar de ejercer a diario la constancia y la disciplina, entonces eso es lo que importa.

La disciplina es algo que podemos entender como una generalidad. Hay muchos libros que hablan sobre las herramientas para la gente exitosa, pero ¿qué es la disciplina y cómo llevarla a cabo? La disciplina consiste en tener un hábito diario que te proporcione resultados. Así de fácil. Por supuesto que lo difícil es efectuarlo; pero hay que programar la mente. Lo dije anteriormente, levantarse temprano, vestir el uniforme correspondiente y empezar el día, ya sea una llamada de conferencia, tener una hoja de ruta y salir al campo a tocar puertas y a buscar citas. Esta es la primera parte del desafío porque en esta parte del proceso, uno no tiene a nadie que le esté diciendo qué ni cómo hacerlo, pues uno mismo es su propio jefe. Es fácil cometer errores tan sencillos como simplemente detenerse a tomar un café o perder el tiempo poniéndose a analizar el negocio.

A veces el análisis produce parálisis y eso es justo lo que debemos evitar en este tipo de negocios, porque parte de este negocio consiste en entender que tu actividad diaria va a generar resultados. Cada día puedes mejorar tus resultados, dependiendo de cómo hayas trabajado; por eso es que yo puedo garantizarte que no pasarán ni siquiera dos días en los que tú no veas resultados positivos reflejados en tu cuenta de banco. Eso sólo se logrará si cumples tu propio horario de trabajo.

El análisis produce parálisis; esto es muy cierto y yo lo he visto, lo he vivido, por eso entiendo que es imperante lograr un equilibrio entre la razón y la acción. A mí me pasó al principio, cuando empecé con el negocio, cuando éste empezó a arrancar, yo no contaba con esa capacidad de análisis, lo que a mí me ocurrió fue que me dejé activar por el miedo. Este miedo me obligó a no dejar de buscar gente porque yo tenía que hacer clientes, los necesitaba. Pero el tiempo fue pasando y esos ingresos residuales de los que te he hablado comenzaron a darme seguridad y estabilidad, tanto en mis finanzas como en mi persona, lo que me hizo poder equilibrar mis emociones, dejar de sentir miedo. Pero así lo comprendí yo. Entendí que no podía detenerme todos los días a tomarme un café o a leer un libro, en el tiempo destinado a lo laboral, porque eso me representaba una pérdida, tanto de tiempo como de oportunidad de venta, y no podía darme el lujo de no aprovechar el tiempo, de no aprovechar cada oportunidad de tocar una puerta nueva, de hablar con una persona distinta a diario. No podía detenerme. Hacía lo que tenía que hacer comprendiendo que el negocio en el que había decidido meterme era un negocio de probabilidades; mientras con más gente hablara, más posibilidades tenía de vender mi producto. Así funciona. Y así me funcionó: cuando noté que mis ingresos empezaron a crecer, mi mente de empresario y emprendedor tomó la decisión. Mi mente viene de una cultura de hacer negocios, de trabajar por cuenta propia, yo sabía ya lo que era eso y lo estaba decidiendo de nuevo; sin embargo, hacer una empresa no es sólo la decisión de hacerla, uno debe tener toda la decisión de llevarla a cabo, de constituirla con todo el conocimiento necesario y cumplir con los requerimientos y los plazos. Lo que para mí resultó muy claro a partir de los resultados que observé fue mi misión. Porque entendí cómo funcionaba y asumí que así como yo funcionaba para el negocio, éste me funcionaría también a mí.

Depende de ti respetar tus horarios de comida, de comienzo y de final. Aquí viene otro consejo de vital importancia que, muy seguramente, ningún otro libro te dirá: no olvides comer. ¿O me equivoco? Y es que también existe la posibilidad de que uno se concentre tanto en su trabajo y en efectuarlo y terminarlo que incluso puede olvidarse de uno mismo, de comer bien, de descansar. Debemos estar bien primero nosotros. No pongas en peligro tu salud, no le hagas daños a tu cuerpo, procúralo como tantas veces te he repetido que debes procurar tu mente. Mente, cuerpo y espíritu deben estar bien equilibrados también, pues la salud es lo primordial, no olvidemos estar sanos en todos los niveles.

Y es que es posible, cuando uno está trabajando tanto, se olvida de designar un tiempo para alimentar su cuerpo, para tratarlo. El negocio de las ventas puede llegar a ser adictivo, por eso es que yo recomiendo formular un horario de trabajo en función de sus necesidades y sus tiempos; entender que tu jornada de trabajo puede haber terminado en el momento en que consigues los resultados que pretendías, no a las seis de la tarde como un trabajo de oficina convencional. Nosotros somos vendedores, no ejecutivos u oficinistas. Nosotros trabajamos allá afuera, no frente a una computadora (por lo menos en esta etapa).

En el caso de los *Final Expenses,* muchas personas con las que hablamos o un gran porcentaje son personas que trabajan medio tiempo, y puede ser que no las encuentres en su casa sino hasta después de las seis de la tarde, por ejemplo. Es un trabajo muy fuera de lo común, hay que entender también que los días feriados pueden ser los días en que más resultados consigas.

Los días feriados o los días lluviosos son los días en que más tratos he cerrado; diciembre es el mes en que más dinero logro, puesto que son esos momentos en los que me encuentro a las personas descansando en sus hogares. Y estas son las circunstancias que debemos aprovechar, sobre todo si nuestra intención es la de ganar, y ganar rápido.

Pero son hábitos, y te aseguro que pueden formarse, aunque nunca los hayas tenido o no te sientas capaz de tenerlos. Puedes, por ejemplo, ser una persona a la que no le guste leer o se distrae mucho, tú sabes que si el tema te interesa y estás dispuesto a hacer sacrificios podrías entonces reemplazar la lectura por los audiolibros. La dirección, el aprendizaje y la constancia son la clave. Mantengamos en mente, también, que siempre se debe estar dispuesto a cosas nuevas, tanto aprendizaje como acciones. Si uno quiere nuevos resultados o cosas distintas en su vida, entonces deberá estar dispuesto a desarrollar nuevos hábitos, si pretende que cosas nuevas empiecen a pasar.

Un hábito se hace en veintiún días. Si lograste hacer algo, por mínimo que sea, pero lograste hacerlo por veintiún días, entonces se ha vuelto ya un hábito. Hay que reprogramarse y qué mejor pretexto que una nueva carrera. Tanto conmigo como con la agencia de tu preferencia, podrás aplicar ese sistema, pues al final es el mercado el que cambia o se acomoda en su comportamiento.

El agente que buscamos es alguien que sepa interactuar con otros, que tenga facilidad de palabra y que sea empático, honesto, y un buen orador. Otra vez estás pensando, ¿cómo me voy a dedicar a los *Final Expenses* si se me dificulta la palabra? Déjame confesarte que ni siquiera yo era un buen orador, soy una persona a la que otros pueden considerar tímida. Pero ocurrió que el mismo miedo de no tener cómo mantener a mi familia y estabilizar sus vidas me hizo desarrollar una habilidad incomparable y aprendí todo aquello que no tenía de una manera muy acelerada y con mucha fuerza.

Entendí que debía aprender, me nutrí como nunca, me empapé de tanto conocimiento como me fue posible, incluso en el trato con la gente. Aprendí a modular mi carácter a sonar más alegre en mi voz, a ser más cálido y agradable, me formé en totalidad como un gran agente, y de la manera más intensa y potente. Gracias a esto, ahora sé cómo enseñarle a las personas, he entrenado a tantos agentes que hoy en día me agradecen lo que les enseñé. Todavía me pasa que cuando alguien me hace un comentario positivo acerca de mi conversación me hace sentir que hasta ahora he sabido hacerlo de la manera correcta, y me siento agradecido, porque sé que es algo que he aprendido, y que cada día voy mejorando todavía un poco más. Esto que te he contado es testimonio de que es cierto que hay habilidades natas, pero también se pueden desarrollar.

Debemos entender que la zona de confort en realidad no existe. A la zona de confort real se llega únicamente con dinero; la pobreza es incómoda. La única manera en la que la pobreza nos hace bien es si nos obliga a buscar nuestra superación personal y económica. La pobreza fue mi primer motor, el temor a quedarme ahí, el miedo a no poder expresar todo mi potencial y superarme a mí mismo, y es por eso que decidí desarrollar cada una de mis habilidades, sobre todo en las que necesitaba trabajar y mejorar, mis inseguridades en la conversación a causa del lenguaje, al escribir, al presentarme. Son habilidades que cualquiera puede desarrollar, en verdad, siempre y cuando uno entienda que debe ser humilde para dejarse enseñar y disciplinado con todo lo que deberá hacer.

Uno debe tener ganas, hambre y ambición, pero también la capacidad de trabajar de manera constante y ser disciplinado;

tener curiosidad y ganas de aprender y saber cada vez más; hablar con claridad, ser empático, honesto y amable. Todo puede ser trabajado y mejorado. No es necesario ser un experto. Uno debe estar dispuesto a dejarse instruir, ser adaptable y flexible. Y básicamente esa es la clave.

A cada quien le tocará desarrollar diferentes habilidades, porque cada uno flaquea en diferentes cosas; pero, todas y cada una de éstas pueden mejorarse. Por ejemplo, yo, tuve que trabajar en mi carisma, a ser más cálido. Pero repito, ahí está de nuevo mi miedo.

El miedo como motor, así como te he dicho antes, el miedo a lo largo de este libro porque es un tema que realmente nunca desaparecerá pero hay que encontrarle lo positivo.

Porque el miedo es lo más normal, es la primera excusa, la razón detrás. Miedo sólo se le puede tener a aquello que uno asocia con lo desconocido, con lo incomprensible e infranqueable, todo aquello relacionado con lo imposible. Y es que todos sentimos miedo pero porque no hemos encontrado una certeza. Si una persona siente miedo es porque necesita una seguridad. En lo que se refiere al trabajo o al dinero, existe mucha gente, así como yo, que odiamos el sentimiento que nos provoca la incertidumbre económica, ese sentimiento es el miedo, y es justamente de donde nace, no sólo el deseo, sino el ansia de encontrar seguridad.

La incertidumbre y el miedo que ésta trae consigo son, por lo menos para mí, sentimientos muy incómodos; sin embargo, gracias a estos, entendí que había manera de combatirlos e incluso sobrepasarlos. ¿Cómo se enfrenta uno con lo desconocido? Volviéndolo familiar. Lo imposible hay que transformarlo en realidad y lo infranqueable se debe lograr dominar. La única manera de luchar contra el miedo (y ganarle) es con certeza y seguridad. Por eso la buscamos; y no sólo la certeza económica, también la personal. Uno es consecuencia de lo otro, sí, pero es que la seguridad siempre resulta una búsqueda o necesidad más importante que el dinero.

El miedo es un motor.

Y es este miedo el que me tiene hablándote a ti, explicándote cómo ser el mejor vendedor que puedas ser. Es el miedo el que te recordará que no tienes boleto de regreso, que si ya hiciste la compra por tu boleto hacia el emprendimiento o a la libertad financiera no hay regreso. A partir de ese momento, sólo existe un "Hacia delante".

El camino hacia el emprendimiento es un camino de no retorno ya que te has decidido a transitarlo. Cuando uno ha aceptado y entendido su camino entonces deberá asumir también control del mismo y así enfrentarlo.

Lo que yo debí aprender, en primer lugar, era cómo funcionaba el mercado *Senior*, que era al que me iba a enfrentar. Debía identificar sus particularidades, para entender cómo podía atacarlo, de manera que mis ventas fueran mayores. Entendí entonces que el mercado *Senior* tiene una manera distinta de trabajarse con respecto a las otras ramas de los seguros. Algunas funcionan mucho con *marketing*, con comerciales de televisión o en redes sociales, llamando por teléfono para programar las citas.

En el caso de los *final expenses* tiene que ser distinto. A las personas *senior* normalmente no les gusta que les llamen por teléfono; por eso lo mejor es ir directamente a las casas; en la mayoría de los casos, como son personas retiradas, es fácil encontrarlas en su hogar.

Así que hay que llegar casi como si uno no lo hubiera planeado, así como casualmente, de manera espontánea: "Buenas tardes, pasaba por aquí...", hablar amablemente, presentarse como alguien confiable y respetuoso para que la persona te dé la oportunidad de entrar a su hogar, sentarte en su mesa, hablar los dos y así poder efectuar tu trabajo correctamente. Aquí entrará en juego también algo muy importante: la presentación. Esa primera impresión que debes provocar como el vendedor que eres o estás formándote para ser.

El proceso del vendedor es así, es un proceso que debe comprender y aceptar siempre la idea del rechazo. Cómo alcanzar una venta sabiendo que hay un cincuenta por ciento de probabilidades de que te compren tanto como de que te digan "no, muchas gracias." La gente siempre toma un "No" como la posibilidad; sin embargo, yo creo que un No puede ser tan positivo como el sí, porque da cabida a más aprendizaje. Un error quiere decir la oportunidad para una nueva enseñanza, un nuevo mensaje.

Uno debe está preparado siempre para el "No"; sin embargo, tu trabajo no es convencer a quien te lo diga, sino encontrar a las personas que ni siquiera lo saben, pero te están buscando a ti por la especificidad del tema, simplemente. Yo puedo llegar a una zona residencial y tocar, por ejemplo, treinta puertas. De todas éstas, te aseguro que por lo menos habrá alguien que te dirá que sí. El tema de los *Final Expenses* es tan específico como universal porque todo mundo ha pensado en eso. Yo te aseguro que habrá por lo menos una persona que te conteste: "Sí, hace unos años que empecé a pensar en eso." O "El papá de un conocido falleció hace unos meses y me hizo reconsiderar mis decisiones", etcétera.

Éste es un tema, por todos lados, ineludible realmente. Uno debe estar preparado, siempre, porque la vida es impredecible, cada día puede ser sorpresivo o diferente; tan lleno de victorias como de fracasos, tan lleno de vida como de muerte. El vendedor lo sabe y siempre está preparado para los "No" tanto como para los "Sí", y su ánimo no se ve perturbado o desestabilizado por ninguno de los dos, él continúa tocando puertas hasta el final del día.

Una de las cosas que la gente debe entender y mantener siempre en mente es el enfoque, la dirección, la orientación porque el mundo de los seguros puede ser tan libre como uno quiera o lo decida; sin embargo, uno debe aprender a equilibrarlo. Se debe entender muy bien la diferencia entre libertad y desenfreno, pues tu ingreso depende de ti únicamente. Uno debe ser muy cuidadoso también con la compañía que seleccionará para trabajar. Cada compañía tiene un sentido, una forma, un producto distinto, lo que tú debes hacer es encontrar el producto que se parezca a ti o con el que te identifiques. Hay mil compañías; todas te venden dinero que transforman en productos. Un seguro es aire, servicio, dinero; pero la gente lo compra, porque está comprando ese producto final, tenlo en mente.

A todas las agencias y agentes de seguro nos rige la misma entidad de gobierno; es decir, cada uno de nosotros tiene las leyes muy claras. Apenas comiences, lo que deberás hacer como agente es encontrar la agencia en la que sientas que podrás desarrollar tus habilidades y tus capacidades de manera correcta, una compañía en la que te puedas desenvolver de manera natural, con un ambiente agradable de trabajo; después, deberás entender las reglas y las condiciones de la compañía en la que trabajas y aprender a enfocarte.

Uno de los problemas más comunes es confundir la libertad y transformarla en libertinaje; como uno entiende que puede trabajar con cualquier compañía, puedo dar pasos en falsos muy fácilmente, como contratar todas las compañías pensando en que eso podría transformarme en algo así como una tienda departamental de productos financieros. Esto es un error; si yo decido tomar un producto, no importa cual, pero me especializo en él, entonces me vuelvo atractivo para un cliente específico. Como ya te he dicho, la gente no quiere alguien que sepa un poco de todo, sino a alguien que esté especializado en la rama a la que se está dedicando. Hoy, la especialización paga más que una tienda departamental. Un agente de seguros funciona de la misma manera; tiene que haber especialización. Cuando tú encuentras ese producto y lo vives desde su conocimiento, su implementación y su desarrollo entonces serás un especialista. Y esa es la clave, mantener el foco. Siempre tener claro tu sueño y enfocarte en eso, y hacia él, para que funcione. Tu mente debe tener claro a dónde vas, sin importar la compañía. El éxito aquí no depende de la compañía que representas o la persona que te esté dirigiendo, depende de ti, únicamente, de tu visión y determinación.

En la sociedad y en muchas culturas está muy satanizada la imagen del vendedor; sin embargo, también es muy cierto que un negocio sin venta no tiene ningún futuro. Es cierto también que las tecnologías están muy avanzadas ya y que ahora todo puede venderse por internet o gracias al *marketing*. Vivimos en la cuna del *marketing*, pero para los *Final Expenses* el *telemarketing* no funciona; funciona la venta tradicional. Y es que el tipo de mercado que manejamos en este sector no funciona más que así. Me refiero a que no vas a tener ningún éxito en el desarrollo de tu agencia si tienes la intención de vender seguros a través de la tecnología más vanguardista. ¿Por qué?

Porque a nuestros clientes eso no les interesa. La tecnología es algo que nos ha rebasado ya a muchos, por más que sigamos haciendo nuestros esfuerzos por entender cómo funciona la actualización más reciente del iPhone. Porque nosotros tenemos sed de aprendizaje y siempre querremos entender todo aquello que no conocemos, sí; pero, a nuestros clientes, al mercado *Senior*, no es simplemente que la tecnología lo haya rebasado o que le cueste comprenderla, sino que ya ni siquiera es algo que le pase por la cabeza.

¿Quieres sentirte desactualizado o darte cuenta de que estás envejeciendo? Prende una computadora.

Nosotros hemos decidido dedicarnos a este mercado; así que debemos ser pacientes, pero también creativos e ingeniosos. Debemos ser más inteligentes y abiertos, para entender que nuestro mercado no opera como las generaciones nuevas. Es posible que personas a las que llamamos *millennials* se frustren mucho por esta situación, porque el sector de los *Final Expenses* se mantiene tradicional y así se mantendrá siempre, porque éste es al mercado al que nos dirigimos. Sin embargo, pienso yo, si este sector de la industria de los aseguradores nos está ofreciendo tanto, tantas oportunidades, tantas posibilidades, lo menos que podemos devolverle nosotros es esto. Sepamos abrir nuestras mentes, seamos pacientes y siempre más listos, sepamos ver todas las ventajas que una desventaja esconde, sobre todo si ya decidimos dedicarnos al fascinante mundo de los *Final Expenses* y triunfar dentro de esta industria.

El vendedor, entonces, deberá hacer sus presentaciones diarias, pero no con un maletín, sino con una carpeta, como si uno fuera un empleado cualquiera que sólo estaba por ahí para hacer una encuesta. Ya traes puesto el uniforme de la compañía a la que representas, y empezando por ahí, la tienes más segura.

Por eso no usamos nuestros nombres, porque al vestir el uniforme de una compañía que tiene cincuenta o setenta años operando, entonces uno, como agente o vendedor, se vuelve garantía. La gente allá afuera no entiende cómo funciona la industria de los seguros y entonces pensará que eres un empleado; pero, nosotros sabemos que así funciona este modelo.

Las compañías te permiten usar sus nombres y sus marcas, siempre y cuando tú respetes sus reglas de mercadeo, así no tendrás que invertir dinero, sino simplemente seguir las reglas. Si la compañía te ha permitido usar su marca o su nombre, úsalo, la compañía tiene su reputación y eso es clave.

Deberás saber que estas personas a las que visitamos siempre van a preguntarte cuál es el precio por el seguro. El precio siempre será lo primero.

Tú, como vendedor experto, sabrás darle el precio correcto. Nosotros podemos ofrecer el precio mínimo porque así funciona este sector de la industria. Nosotros tenemos planes que comienzan desde los diez dólares. Te pedirán información, te harán preguntas, y tú debes estar dispuesto y preparado siempre para contestar, para explicarles de manera clara y entonces ellos sepan que el seguro puede adaptarse a ellos, más que ellos al precio. Preguntarás qué les gustaría, qué se adapta a su presupuesto, y con honestidad, les dices cuánto cuesta. En ese momento la gente entenderá qué estás haciendo tú por ellos y podrán tomar su decisión.

Lo primordial será siempre que estén bien enterados de los montos, que sean conscientes y tengan muy presente que estos seguros pueden costarles de diez a treinta dólares, cincuenta máximo, y que lo pueden ir pagando. Esto es lo más importante, y es que por más que llegues, te sientes con ellos, les hagas una presentación magnífica y sorprendente, no importa si a la persona le interesa o le caíste bien, porque si la cantidad de dinero que ellos deberán pagar por el seguro rebasa su presupuesto, no habrá manera posible de que tú logres la venta.

Los básicos del vendedor: la imagen, la presentación, la persistencia, la preparación, la conversación y la insistencia. Un vendedor que sepa cómo encontrar sus clientes y tenga en sus manos las herramientas correctas para generarlos, aunado a lo anterior, tiene el éxito asegurado. Yo te enseñaré a que tengas un sistema propio para generar tu volumen y un flujo de clientes altamente efectivo.

Después de la licencia, se elige una compañía. Yo te enseñaré cuáles son las compañías que pueden proveerte de clientes para que tú puedas comenzar la construcción de tu ingreso; para que, más adelante, que estés ya desarrollando tu propia agencia (porque eso seguirá), te mostraré cuáles son los sistemas que te ayudarán a generar tus prospectos. No sin antes haber pasado por el entrenamiento en el campo. Recordemos que, además de la constancia y la disciplina, está la parte técnica que consta de un buen uniforme, bien limpio y planchado, una buena carpeta para la presentación. No un maletín, no un traje ni una corbata. Todo impecable, incluso las uñas. Esa presentación dice tanto como tu presencia. La primera impresión es la que prevalece, pues nunca habrá segunda oportunidad para ésta, y en este tipo de negocios es muy importante la manera en que te presentas.

Tu mente debe estar muy enfocada en lo que se conoce dentro de esta industria como cierre, que significa haber hecho una venta con constancia y consistencia. Y no permitirás que pasen más de dos días sin lograr un cierre; porque entonces puedes comenzar a desanimarte, a frustrarte y si te dejas vencer por estos pensamientos y emociones, entonces te habrá ganado la autodestrucción. No podemos permitir que esto ocurra; deberás nutrirte de manera correcta, como ya dije antes, tanto en tus pensamientos como en tus emociones y en tu cuerpo.

Enfócate. No lo olvides.

Sabe que para antes de que inicie tu semana de trabajo, deberás tener, por lo menos, un listado de veinticinco nombres para trabajar esa semana. Eso, en primer lugar, ponerte objetivos diarios y semanales, por lo menos al principio, y poder cumplirlos.

Las semanas se volverán meses y los meses años. Los años te volverán empresario y finalmente inversionista.

Además, debes ser consciente que siempre existe la posibilidad de que no haya nadie en la casa cuando tú toques la puerta. Esto siempre será frustrante, siempre será un golpe, sobre todo después de haber transcurrido tantas millas en un día; sin embargo, uno debe poder lidiar con esto, sacarle el mejor provecho posible, pues es probable que alrededor de aquella casa en la que no hubo nadie exista un vecindario más amplio en el que puedes encontrar clientes potenciales.

Pero uno debe mantenerse en actividad constante; tu mente pensando todo el tiempo en cómo lograr aquello que debe hacer, dónde y cómo encontrar a esas personas interesadas en hablar contigo, escucharte, entender lo que haces, lo que les ofreces y además comprarlo. Si diariamente sales con esa determinación y esa mentalidad, entonces los resultados se te presentarán más pronto de lo que crees.

Perseverar y persistir, haberse formado como alguien siempre fresco, impecable en su hablar y en su apariencia, pero sobre todo en el pensar. La disciplina es fácil de seguir si uno tiene también comprendido el proceso en su parte más mínima y técnica. Día con día, horario con horario, meta con meta. Y así se va caminando y así se llega.

En el entrenamiento en campo puedo encontrarme un agente que esté empezando desde cero como con uno con experiencia, pero que no sabe qué sigue. Y es que cualquier persona va a venir, gente sin licencia o que no tiene idea del paso a seguir. No importa qué agencia escojas, puede ser la mía o cualquier otra, puedes desarrollarte económicamente, puedes efectuar todo esto que yo te comparto, lo importante es que crezcas, y yo te garantizo que mis fórmulas te funcionarán.

¿Cuáles son las preguntas que no debes olvidar hacer cuando tienes enfrente de ti a tu cliente? Cuando hemos logrado entrar ya en la casa de nuestro cliente potencial, sentados a la mesa, ya listos para hablar del tema:

1. ¿Cuánto tiempo lleva usted pensando sobre este tema? Uno calla y escucha.

2. ¿Cómo reaccionaría su familia si el día de mañana falleciera alguien que pertenece a esta casa?

3. ¿Cuál de sus hijos puede llegar aquí con diez mil dólares y en cuánto tiempo para arreglar esta situación? ¿Has tenido la oportunidad de hablar con tu familia sobre este tema?

Preguntas y escuchas. La persona habla y te explica, tú sólo lo oyes. Al final de la presentación, cuando coloques los montos correctos, que pueden ser treinta o cincuenta, él no podrá contestarte con un: "Lo voy a pensar," pues justo acaba de contestarte a la primera pregunta que le hiciste.

Uno debe aprender a usar las preguntas y las respuestas. Así que, al final, y teniendo en cuenta que normalmente estos clientes ganan un ingreso fijo de quinientos a ochocientos dólares, entonces tienen que tomar una decisión, y es cuando te colocas en el monto que ellos puedan pagar.

Este tipo de seguro los comparan mentalmente con las funerarias, y las funerarias son muy costosas y un plan funeral no se puede llevar a cabo hasta que las cuentas de la persona queden saldadas; pero, para un seguro, se paga una prima mensual. Ya para el funeral, el seguro responde si tiene que responder, y la familia ya no tendrá ni una deuda. Esta es una gran diferencia, y lo que marca una gran efectividad al momento del cierre de una venta.

Después del tema de la presentación, de haber hecho tus tres preguntas de manera correcta, debes colocar tres opciones de alternativas y explicar cada una de ellas. A veces, cuando uno coloca el pago mensual y el monto del dinero, debes darle dirección a ese dinero y explicarles a las personas para qué le va a servir ese dinero. Tu licencia te da esa posibilidad, y entonces la gente entiende que lo que está comprando va más allá de un simple seguro y de dinero. Porque el seguro tiene un verdadero valor; no es sólo dinero.

Ya que lograste hacer una presentación estructurada, muy bien por eso, el desafío más grande será encontrar compañías que generen para ti los clientes y donde puedas encontrar tu plantilla de modelo de negocios, y que estén aprobadas por los departamentos de seguros. Ahora se trata de pensar en que tú mismo puedas emprender o utilizar estos sistemas en los que no debes poner ni un dólar, porque a veces hay compañías que lo financian. Tú debes estar preparado para hacerlo. Todo eso en el proceso del ser agente.

Es importante pensar en la falta de cultura que podamos tener con respecto a la prevención de la muerte, a cómo manejar las deudas, pero así como se maneja, cualquiera puede animarse porque puedes prever precisamente todo esto, empezando por no dejarle deudas a tu familia, incluso pagando mensualmente una cantidad de dólares que no te descapitalicen, porque es una cantidad que sí podrás pagar y así es como se le debe de plantear al interlocutor. Entendí que en los Estados Unidos les encanta la idea de proteger a su familia y dejarles un dinero después del fallecimiento.

En mi proceso aprendí que cuando el tema está bien documentado y te nutres y lo explicas correctamente, la gente da el paso y compra el seguro. Por eso te estoy invitando a capacitarte y especializarte, porque la gente entiende lo que estás haciendo si lo sabes explicar correctamente, además del proceso de ventas.

Todo esto que acabo de darte son las técnicas que yo utilizo en cada hogar al que entro, con cada persona que abre y me dice "Sí, pásele", y así he podido lograr un cien por ciento de efectividad en el cierre de una venta, y que la gente tome su decisión. En muchos casos, y por más que uno esté dando la información correcta y de manera afable, es posible que la gente no compre el seguro, y en este caso, es por la falta de dinero.

Nosotros hemos aprendido, con el paso del tiempo, que ellos pueden pagar entre treinta y cincuenta dólares máximo, a cambio de un seguro como éstos de los *Final Expenses*. Aprendimos que a la gente se le debe hablar clara, amable y correctamente, que hay que saber mostrar los beneficios que estos seguros representan, y si lo hacemos bien, entonces la gente entiende y compra su seguro.

Todos estamos acostumbrados a ver a los agentes de seguros, los normales o tradicionales, vestidos de traje. La imagen convencional que tenemos todos de un vendedor de seguros es la de alguien que siempre está vestido de traje, con saco y con corbata, de una persona que podría ser un ejecutivo. No es así el caso de los seguros de gastos finales. Porque ninguna de estas personas a las que les ofreces un seguro va a querer a un vendedor así en su casa. Estas personas *Senior* bien podrían ser tu padre o tu abuelo, y tienen ya la experiencia, ellos saben cómo es un vendedor: porque es la misma imagen de un agente de seguros que todos tenemos en nuestras mentes. Ya saben que estás ahí en su casa para venderles algo y que eres un vendedor de seguros cualquiera. Pero tú no eres ese vendedor de seguros cualquiera. Tú eres alguien real, y eso es lo que ellos quieren. Alguien real y preparado que sabe exactamente cómo explicarles las cosas tal y como son, sin tapujos; hablarles de los alcances y beneficios verdaderos, directamente, los costos y las ventajas trae grandes beneficios. Ellos necesitan a alguien que les diga la verdad. Y ese es uno de los secretos. Porque todo mundo quiere siempre que le digan la verdad; pero, sobre todo ellos, que llevan más tiempo viviendo aquí en la tierra, ya no van a perder el tiempo con mentiras o promesas, ellos quieren tranquilidad y calma, cosa que puedes ofrecerles, a través de tu manera de expresarte, con la verdad, y a través de los *final expenses*. La persuasión o manipulación será inútil, el que perderá su tiempo serás tú; pues ellos no necesitan ningún "artista de la venta", necesitan gente sencilla, humilde, alguien en quien puedan confiar, que les ayude a tomar la decisión correcta.

Un agente de *Final Expenses* deberá comenzar su semana con al menos veinticinco nombres con direcciones en sus manos, deberá establecer su ruta y comenzar a sacar citas. Uno debe lograr que esa cita quede en veinticuatro o cuarenta y ocho horas, así llegarás a casa de la persona y entonces ella estará dispuesta a hablarte del tema. Cuando se logra el primer encuentro, yo frente a esa persona, y logro hacer que se interese por el tema, porque me ve uniformado y me escucha hablar y se da cuenta de que le estás entregando un mensaje importante, entonces debes aprovecharlo. Le preguntas directamente si puedes ir a verla ese día o el que sigue, todo debe ser veloz y efectivo, y puedes sacarle ventaja al hecho de que las personas *Senior*, en su mayoría, se mantienen más bien en sus casas.

Normalmente el cliente te pide una tarjeta de presentación y uno pensaría que es lógico dejarla, pero en este caso, el agente de seguros, y aquí viene un consejo curioso, contrario a lo que pensarías, tendrás que decirle a la persona que no llevas la tarjeta contigo, y entonces te vas. Yo he aprendido a hacer esto porque debido al tema, que es muy sensible para muchos, de pronto la gente cambia de opinión en un instante, si se pone a pensarlo mucho. Entonces, que tú no hayas dejado la tarjeta en ese momento, te permitirá volver a la casa porque la cita ya quedó agendada.

La presentación lo dirá todo, pero ya tienes mayor oportunidad de cerrar la venta. Siempre se trata de buscar trabajar de esa manera, porque no es un negocio de citas; en realidad, el negocio de los *Final Expenses* es en tiempo real y con gente real. La manera de lograr citas es vital porque son citas que se dan de un momento a otro porque se dan en el campo. Es por eso que quienes nos hemos dedicado a la industria de los *Final Expenses* logramos descifrar cuáles son las herramientas necesarias para llegarles a estas comunidades *Senior*.

Existen herramientas como los directorios en los que puedes ver los nombres de las personas, las edades y sus direcciones. Y entonces llegas directamente buscando a esa persona por su nombre, le entregas información que llame su atención y ahí está lo más importante. Si tienes todos estos datos correctos: la edad correcta, el mercado correcto, y has sabido entregar información atractiva y presentarla, entonces a esa persona le llamará la atención.

No es como que estés llegando a un centro universitario o buscando adultos jóvenes en alguna comunidad; por supuesto, esto no quiere decir que los jóvenes no necesiten un seguro de *Final Expenses*, sino que el mercado *Senior* está preparado y es lo suficientemente maduro para abordar y enfrentarse con el tema que yo vine a plantear.

Se trata de hablarles a las personas sobre la protección o la tranquilidad que pueden brindarle a su familia al dejarle este dinero y explicarles qué pasará, tanto con su familia como con el dinero, después de su fallecimiento, de hacerlas sentir en calma.

A pesar de que este país sea grande, la gente puede estar muy sola. Hay muchos inmigrantes y mucha gente; sin embargo, no es como en nuestros países latinos, que siempre nos encontrarás en grupo, muy comprometidos con nuestra comunidad. En este país yo he notado que la gente suele ser más independiente y autónoma. Incluso en el caso de las personas *Senior*, por ejemplo, en nuestros países es más común que quienes han alcanzado la tercera edad vivan con sus hijos o acompañados; en este país no es así. Sin embargo, y sea como sea, como funcione la sociedad y dentro de ella, sus individuos, solos o acompañados, cuando un infortunio como la muerte se nos presenta, el dinero es necesario. Es cierto que lo último en lo que queremos pensar cuando alguien de nuestra familia muere es en el dinero, en los trámites, y es por eso que los *Final Expenses* son o pueden ser tan relevantes para uno. Porque si bien puede ser difícil enfrentarse a esta idea de la muerte y las deudas y el dinero desde antes que ocurra, al menos dejará de ser un problema con el que lidiar cuando un fallecimiento afecte a nuestras familias.

Los *Final Expenses* son esa tranquilidad que no sabías que necesitarías porque las personas no entienden que quinientos u ochocientos dólares son realmente mucho dinero. Y es tanto que muchas veces la gente no lo tiene, y ésta es la principal razón por la que se endeudan. Los *Final Expenses* nos ayudan a prevenir esto. Porque este sector de la industria de los seguros no sólo te ayudará a ti, a crecer económicamente, a alcanzar una seguridad económica, también ayuda a otros. Y eso, pienso yo, es lo primeramente importante; pero no sólo eso, sino que es indispensable.

Tenemos herramientas, por ejemplo, las páginas blancas, que son una vía que te permiten sectorizar el mercado porque es información que a tu mercado le interesa y puede llegarles directamente. También hay compañías que proveen sistemas de personas que te responden si necesitas información sobre el tema; este tipo de compañías, en algunos casos, te cobrarán por el servicio; sin embargo, hay otras que te proveen un sistema que te lo financia. Tu trabajo es, además de todo, encontrar aquella compañía que te financie el sistema; pero debe ser muy específico y debes ser muy cuidadoso porque si no sabes o no tienes conocimiento de dónde te estás metiendo, puedes contratar una compañía que te provea con clientes, pero no esos clientes que tú necesitabas o estabas buscando. Yo te ahorraré esta parte del trabajo, te daré en su totalidad la fórmula, las herramientas, para que esta parte no sea dificultad u obstáculo para ti.

El vendedor que ya tiene no sólo conocimiento sino pleno uso de todo su ABC, entonces sabrá cómo mantenerse equilibrado y objetivo, además de animado, por supuesto; sin siquiera tener que pensarlo o practicarlo. Habrá dominado ya todos los pasos a seguir. Ha podido trabajar en su conversación y ha sabido mantenerla agradable, clara e interesante, y así como he dicho previamente, el vendedor sabrá siempre ser honesto, y manejar a detalle y en su totalidad sus herramientas y conocimientos. Su inteligencia se habrá vuelto tan amplia y precisa como para saber exactamente todo aquello que deberá decir, para explicarles a sus clientes todo aquello que los inquiete. El vendedor ideal mantendrá en mente siempre que comprar un seguro puede tener tiempos de espera en algunos casos, que en otros no habrá cobertura o protección, y saber explicar cada uno de estos puntos siempre será determinante.

Uno podrá pensar que la competencia es de una compañía a la otra; pero no es así. La competencia está en tener siempre la mejor explicación en función de lo que nuestro potencial cliente realmente necesita. Puede ser que tu producto sea excelente; sin embargo, si al cliente se le ofrecen mejores condiciones en otra compañía, entonces tú le reconoces su decisión como la correcta, porque sabes que hizo bien. Él se dará cuenta en ese momento de que fuiste honesto con él, se sentirá tranquilo y sabrá que puede confiar en ti. Y así, habiendo hecho bien, muy probablemente este cliente no compre el seguro para sí mismo, pero lo comprará para su tío o su hermano o se lo recomendará a algún conocido. Porque hacer lo correcto y ser honesto siempre pesará más que cualquier otra cosa.

Es verdad que en el sector de los *final expenses* no se venden los seguros más costosos; y por eso no muchos se meten a trabajar en este sector, porque piensan que mientras más alta sea la prima mensual, su ingreso será mayor. Mucha gente en esta industria entra pensando así y por eso fracasa, porque la gente no siempre puede pagarlo. Pero en el negocio de los *final expenses*, si tú logras colocar las primas (o los pagos mensuales) en un monto más reducido, entonces tu volumen en ventas será mayor.

Cuando alcances el siguiente nivel, ya que hayas logrado reunir el dinero suficiente, yo te voy a enseñar cómo construir tu agencia, con otras compañías, cómo usar la tecnología y el *marketing* que se adapte a tus necesidades y requerimientos, porque finalmente quien va a trabajar eres tú, la agencia va a ser tuya y las decisiones y lineamientos también. No se trata de adaptarse a una compañía o a las campañas de publicidad, sino todo lo contrario, son éstas las que se deberán adaptar a ti y trabajarán contigo en beneficio de tu negocio y tus objetivos.

Es válido no creerme si te digo que uno puede hacerse rico vendiendo seguros de treinta o cuarenta dólares. Yo tampoco lo creería, pero es cierto. Fácil no es, pero posible sí. ¿Cómo lo sé? Porque así lo hice yo. Me percaté de que no se trata de la prima individual, sino en volumen, dentro del universo de personas. Porque el tema es de volumen y el sector de las personas *Senior* es muy amplio, y no sólo eso, sino que crece todos los días.

En la industria de los *Final Expenses*, he aprendido que yo puedo venderte mi producto con tanta facilidad porque no hay manera de que no lo necesites, si estoy con la persona, en el mercado y el vecindario correctos, entonces el trato se cerrará casi seguramente. Porque yo he sido lo suficientemente listo para encontrar la manera en que la persona se ajuste financieramente con respecto a los pagos mensuales, conforme le convenga a ella; pues el seguro finalmente le beneficiará únicamente a quien decide comprarlo y a su familia. Así es más sencillo vender este seguro, con la verdad, y no tuviste que manipular o mentirle a nadie.

Pero así como te presento y ofrezco los *Final Expenses*, y así como puedo venderlos, también es mi intención hacerlo con este nuevo producto. ¿Cuál? El mío. Este libro, mis seminarios, mis ideas, mis fórmulas. Pongo en tus manos mi testimonio como un producto vendible, efectivo y certero, a tu disposición, como herramienta y guía. Y si lo vendo como los *Final Expenses*, no podrás decir que no, porque no hay manera de que no lo necesites, si así como yo, has decidido que ésta será tu manera de ganarte la vida, de crecer como persona y como empresa.

Los autoempleados son comúnmente perfeccionistas adaptables y adaptados; han decidido hacer las cosas excepcionalmente bien, pues son sus propios jefes. En su mente, nadie más que ellos puede hacer lo que están haciendo y nadie podrá hacerlo mejor, y esa es una de las ventajas de ser tu propio empleado, puedes hacer las cosas como a ti te guste hacerlas, tú decides. Podría decirse que son artistas, pues se organizan y tienen su propio método y estilo para hacer las cosas, porque a ellos les funciona y eso es lo único que importa. Son la verdadera razón por la que esta industria funciona, por eso es que son contratados para representar una compañía. Porque uno puede tener la capacitación y la experiencia, pero lo verdaderamente importante es que uno esté dispuesto a ser perfeccionista, a ser exigente consigo mismo. Si uno contrata a alguien es porque está seguro de que esa persona será la mejor. Esta persona no es cualquier autoempleado, esta persona es un vendedor.

Para el vendedor, a pesar de que hacer dinero y su propio ingreso es lo fundamental y quizá su primer impulso, el elemento predominante es la independencia y la libertad. Uno podría pensar que estos elementos son la receta para el desastre; sin embargo, el autoempleado o el vendedor, en este caso, es aquel que, haciendo las cosas a su manera, se volverá un experto en el campo. Porque son (o somos) unos artistas de la exigencia y la perfección para con nosotros mismos.

El ABC del autoempleado, en este caso será el mismo que deberá considerar el vendedor que yo estoy buscando tanto como ese vendedor que tú quieres llegar a ser. Hagamos énfasis, recapitulando lo básico, para que quede cada vez más claro. Si todo lo que te expliqué a través de este capítulo ha quedado comprendido, entonces entenderemos bien todo lo que el proceso del vendedor o el autoempleado implica.

El título del capítulo era un simple ABC; sin embargo, yo abarqué (figurativamente) prácticamente todo el abecedario, casi llegando a la X, Y y Z. Aun así, toda esta información que yo te expliqué a lo largo del capítulo, usándome como ejemplo, podría reducirse en tres puntos clave o un ABC (aprovechando el título del capítulo).

Para que un vendedor o un autoempleado se reconozca como tal deberá haber alcanzado el control sobre:

A) La primera impresión

B) La constancia y la disciplina

C) El miedo

Estos temas han sido recurrentes a lo largo del capítulo, pues el comprenderlos y tratar de dominarlos, para empezar, para llevarlos después a la práctica) es ahí la verdadera prueba. Tu mente habrá reconocido ya los temas, ¿no es cierto?

A continuación los desarrollaré brevemente.

La primera impresión

La primera impresión es todo aquello que conforma de manera superficial, pero en su totalidad, al agente. ¿Qué quiero decir con esto? Que uno se vuelve agente a partir de su primera venta: el momento en que el vendedor brinda un servicio y muestra su lado más humano, lo primordial.

Es el agente como tal; pero, en primer lugar, su ética y su moral. La primera impresión comprenderá desde la vestimenta y la pulcritud en las uñas hasta la honestidad y la empatía. ¿Me explico?

El agente es esa primera impresión que le muestra al mundo, la manera en que se acerca a su mercado, armado como un todo, el vendedor estará bien preparado y estudiado, altamente capacitado con el don de la claridad en sus discursos, además de la elocuencia.

Pues la primera impresión no es la primera; es la única.

El tú más inmediato, el más cercano al público, y engloba muchas cosas que deberás haber dominado en su totalidad: empezando por la correcta postura, la correcta vestimenta; luego, la manera más amena y precisa de hablar y presentarle a tu cliente el producto que le ofreces, siempre fundamentada con los estudios y conocimientos necesarios; la empatía y la honestidad; además del equilibrio, tanto mental, como el espiritual y el físico, pues es lo que te llevará de un cliente a otro, todos los días, sean buenos o no tanto.

La constancia y la disciplina

Ésta explicación es más sencilla, hemos hablado de estas dos virtudes a lo largo de casi cien páginas.

El vendedor debe saber qué hacer y deberá poderlo hacer solo, pues es un autoempleado. No necesita supervisión alguna, es tan autónomo e independiente como luego lo será un dueño de un negocio o un inversionista, pues saben lo que es la constancia y la disciplina, y de eso están hechos.

Más que una palabra, la disciplina es una forma de vivir la vida. Y ella misma es la que te dicta cómo vivirla, en realidad es fácil, pues finalmente y por lo menos en este negocio, se trata de hacer lo que hay que hacer, en pocas palabras, de tener en orden el material, marcar los horarios y seguirlos, aprender a dominar tu capacidad de organización.

La constancia y la disciplina son la única manera de arrancar y de mantenerse: son el trabajo y la persistencia. Son parte de tu claridad y de esa dirección que tú mismo has decidido y marcado; pues son la única manera en la que sabes que podrás llegar a esa meta. Paso a paso, poquito a poco, pero todos los días. La constancia y la disciplina son, en pocas palabras, el cómo, eso que haces todos los días, para alcanzar tus objetivos. Son aquello que te acerca.

El miedo

Si he mencionado una palabra más veces que constancia o disciplina, es probable que haya sido ésta. Y es que si no la he nombrado, más bien nunca se ha ido, ha permanecido todo el tiempo detrás de cada página que he escrito. Así como he dicho antes, uno no sólo se acostumbra al miedo, sino que lo domina y lo vuelve su aliado.

El miedo puede jugar de cualquier lado: puede ser tanto enemigo como parte de tu equipo. Y nosotros decidimos para qué escuchamos sus palabras, si para impulsarnos o para retrasarnos, detenernos o, incluso, destruirnos.

El miedo puede ser nuestro motor, pero si no lo es, hay que entender cómo aprovecharlo. Si no es el miedo el sentimiento que nos impulsa a emprender cualquier cosa o a despertarnos todos los días, entonces puede ser cualquier cosa. En mi caso, ha sido el miedo el que me ha empujado y ayudado a llegar a donde estoy; pero, puede ser cualquier cosa: la libertad, el amor, la necesidad. No importa. Lo necesario es eso: encontrar aquello que te empuja y dominarlo, volverlo tu aliado y llevarlo contigo a todos lados: como motor, como recordatorio, y nunca dejarlo.

Digamos que el miedo es aquel impulso que te hace abrir los ojos cada mañana, pero la disciplina y la constancia son las que te hacen levantarte de la cama, tenderla, bañarte y salir a trabajar, siempre cumpliendo los horarios que tú decidiste seguir; y como tienes bien dominada ya tu primera impresión logras el número de ventas, y entonces puedes regresar a casa a descansar.

¿CÓMO EMPEZAR Y CONSTRUIR UNA AGENCIA DE SEGUROS ALTAMENTE LUCRATIVA?

Hoy por hoy, mi agencia está presente en seis estados de los Estados Unidos de América, y ocupamos posiciones de primeros lugares. Todo porque yo aprendí a hacer el trabajo básico del vendedor de la manera correcta. No estaría escribiendo un libro si no fuera verdad. Uno no miente si trabaja en el tema de los *final expenses*, se acostumbra a no mentir, a no jugar con las emociones de la gente, porque es lo primero que se necesita para vender un seguro; pero, se vuelve parte de tu vida, te das cuenta de que no debes mentir si vas a vender tu producto. Sin olvidar nunca que tu producto eres tú mismo; ¿cómo vas a venderte con mentiras?

Si yo escribo este libro es porque tengo la verdad para hacerlo, la verdad y la experiencia de un vendedor con cien dólares en el bolsillo y dos mil doscientos a deber, que comenzó a vender seguros de treinta o cuarenta dólares a personas de la tercera edad en un país al que acababa de llegar hacía ocho meses, pero que ahora vive en la libertad financiera total, dentro del último nivel del cuadrante del dinero: el inversor.

Porque aprendí a hacer el trabajo básico de un vendedor, pero aprendí a hacerlo mejor que sólo bien. Aprendí a perfeccionarlo, día con día. Gracias a eso pude entender que si uno cuenta con una mente de empresario, una actitud positiva y enfocada también hacia el mercadeo, una formación de ventas y una conducta direccionada, uno puede levantar un imperio si así lo quiere.

Si alguien está buscando crecer o desarrollarse, tanto si está buscando emprender un negocio desde cero como si es alguien que ya tiene experiencia dentro de la industria, pero no conoce el camino o no sabe cómo avanzar, entonces ésta es la guía. Yo te voy a mostrar el camino, repito, y te voy a mostrar cómo llegar a tu meta en un menor tiempo que el que hice yo. Si uno puede ser humilde y abrir su mente para el aprendizaje y la orientación, entonces todo será más fácil. Los resultados te llegarán de un día a otro, casi sin que te des cuenta.

Las oportunidades están dispuestas, ahí, para todo el mundo. Sobre todo en este país. Repito: el sueño americano está o puede estar más vivo que nunca, pero depende de que uno decida ver todas las oportunidades y entender cómo aprovecharlas para su propio beneficio, y por lo tanto, el de todos aquellos que lo rodean.

El resultado de no mentirle a la gente, de hacer las cosas bien será, simple y sencillamente, que tus ingresos crecerán exponencialmente. Construir un ingreso requiere de disciplina e información, un conocimiento sobre las ventas, esto es básico para el perfil de un vendedor. Nunca pierdas de vista tu ABC de vendedor, siempre debes tenerlo en mente. Porque, entonces, ya que has logrado alcanzar el suficiente volumen de ingreso, entonces viene el proceso de construir tu propia agencia de seguros.

Muchos podrían pensar que este proceso es muy difícil o muy costoso; pero se equivocan. Para construir una agencia de seguros, realmente no necesitas una fortuna. Lo único que necesitas es registrar una corporación y sacarle una licencia en el departamento de seguros correspondiente. No hay que hacer examen, ni siquiera pagar un dinero. Así de fácil.

Continuaré contándote mi historia desde donde me quedé. Llegó el momento de mi vida en que había encontrado el oasis dentro del desierto, los *Final Expenses*. Comencé a trabajar allí, y comencé mi proceso de crecimiento como autoempleado. Le agradecía a Dios todos los días antes de trabajar, antes de entender cómo funcionaba el proceso, me puse a analizarlo y lo comprendí, logré desglosarlo y volverlo mío, en mi beneficio. Conocí personas, les conté a qué me estaba dedicando y se fueron uniendo a hacerlo conmigo. En ese momento empecé a levantar la agencia.

Cuando hice mi primera venta gané setecientos dólares y para el primer mes diecisiete mil quinientos dólares. En ese momento busqué un contador, le expliqué qué estaba haciendo y él me dijo que me ayudaría a constituir mi corporación. Cuando yo logré entender mi potencial de ingreso es que tomo la decisión de constituir una corporación. Esto me costó menos de doscientos dólares. Contraté al contador, le entregué mis datos, fue al departamento de servicios de corporaciones de Florida, constituyó la corporación, me entregó una carpeta con unos papeles y un número de registro para hacer los impuestos. Así de fácil. Ahí nació mi corporación. Pero, ¿cómo hacer para que mi ingreso lo reciba la corporación y no yo? Ahí descubro que tengo que sacar una licencia para la corporación.

Una licencia de agencia de seguros. Me meto en la página del departamento de servicios financieros del estado de Florida y veo que tengo que hacer una aplicación con el nombre de la persona que quiere ser la dueña de la agencia de seguros y que esa persona debe contar con su licencia de agente. Soy yo. Pido la licencia y resulta ser gratis. En ese momento yo tengo ya mi corporación; ahora las compañías me van a pagar a mí a través de ella.

Un año más tarde, después de haber trabajado sin aflojar o detenerme, ni para ponerme a pensar ni para ponerme a descansar, ni siquiera para tomarme un café, todos los días, llegó el día en que me tocaba declarar impuestos, por primera vez. Tengo anotada esta cantidad, la guardo y atesoro, porque me gusta regresar a ella cada que vez que he dudado, cada vez que he sentido al mundo venírseme encima o he pensado en dedicarme a otra cosa, entonces pongo nuevamente estos números en mi cabeza, recuerdo ese momento hace cuatro años, y recuerdo cómo me hizo sentir. Ese año, mis ingresos fueron de ciento veinticuatro mil quinientos catorce dólares.

Después de la primera declaración, y me acuerdo bien; otro día, nuevamente, me encontraba manejando por el centro de Miami, me llegó un correo electrónico. La compañía a la que yo representaba me explicaba que había una posibilidad de aumento en mi contrato, planteándome así una oportunidad de construir mi propia agencia, de enseñarle a otros lo que yo estaba haciendo. De inmediato pensé "¡Por supuesto que sí!"; sin embargo, ese correo no venía con un manual, sólo era eso, una opción puesta sobre la mesa. Así que dije: "Sí. Está bien, pero ¿cómo lo hago?"

Fue gracias a la asesoría de un muy buen amigo. Él, de Puerto Rico, llevaba ya veinte años trabajando en la industria de los seguros; él fue quien me instruyó, a partir de su experiencia, me fue enseñando todo lo que sabía. Yo seguía en la sección autoempleo del cuadrante, y entendía que debía aprovechar como si fueran de oro todas las oportunidades que se me presentaban. Sabía que necesitaba prepararme para ser atractivo ante el mercado, porque yo tendría después que educar a otros, enseñarles a las próximas generaciones de vendedores que vinieran después de mí todo lo que yo había aprendido. Porque sé que puedo ayudar a otros como me ayudaron antes a mí; sé que si yo he aprendido todo lo que he aprendido y he podido llegar al puesto en el que estoy es porque tengo las herramientas para ayudar a otros. No quiero guardar ningún secreto, todo lo contrario, lo que más quiero es compartirlo con quien esté dispuesto a escuchar. No me voy a hacer más rico guardando la información, y aunque así fuera, no se trata de eso; si permito que la información se esparza entonces podré ayudar a otros inmigrantes o a todo aquel que así lo requiera, a todo aquel que tenga sueños y esperanza, a triunfar en este país, porque se puede, y si se puede, se hace.

Mi amigo puertorriqueño y yo nos aliamos, y con su experiencia y mis conocimientos en ventas, mi mente de mercadeo, pudimos mejorar el modelo de negocios. Él hizo su agencia y yo la mía; las dos son importantes; más de la mitad de sus ventas le pertenecen a la mía. Es como una cadena de apoyo. No creo que el mercado americano estuviera preparado para recibir personas como nosotros, personas más que preparadas y formadas para hacer justamente eso que tenían que haber hecho para llegar a óptimos resultados y de la mejor manera. Los Estados Unidos tienen que entenderlo, sí, pero nosotros, como inmigrantes, debemos metérnoslo en nuestras cabezas: Vinimos a este país a hacer una oferta, no una protesta.

Necesitarás una licencia, puedes no tenerla, pero yo te diré cómo y dónde sacarla. Puedes tener o no experiencia, pero yo te ayudaré a que comprendas cómo funciona el sistema y cómo direccionarlo; necesitarás una cartera de clientes y aprender a mantenerlos, yo te diré cómo generarlos sin la necesidad de contratar publicidad en la que podrás gastar miles y miles de dólares. Yo puedo darte el nombre de la compañía específica que te dará ese cliente al que tú necesitas.

Porque yo estuve ahí. Un agente de seguros falla porque no tiene el entrenamiento correcto. Y esto puede deberse a que quien lo está entrenando o enseñando la ruta, no está totalmente capacitado ni ha transitado la ruta, porque quien le está diciendo cómo ganar un millón de dólares no los ha ganado. Porque quien te está diciendo cómo construir una agencia nunca la ha empezado. Yo tengo toda esa información (e incluso un poquito más) y estoy dispuesto a compartirla contigo. Yo te voy a decir exactamente quién es tal proveedor, dónde encontrarás los clientes precisos y te orientaré para desarrollar campañas para contratar agentes. Te enseñaré a trabajar con la data correcta de los agentes que tienen la licencia. Una persona que quiere construir una agencia entiende que debe conseguir a personas con licencia porque él tiene una oportunidad para sí. Yo ayudaré a que te sientas más confiado, te diré cuál es la compañía de *marketing* correcta para ti y cuál es la data que vas a encontrar, vas a sentirte con más capacidad de lograrlo. Yo no lo voy a hacer por ti, sólo te diré cómo. Tú estarás solo en el proceso; pero yo ya te habré dicho cómo y cuáles son las compañías para que tú puedas dar los pasos. La mayoría de las veces, en mis seminarios, es donde doy los nombres de las compañías y más detalles.

Muchas de las personas se rinden muy fácilmente porque no entienden que a pesar de que en este negocio muchas cosas sean intangibles, en el futuro se verán materializadas. Tú vas a presentarte con personas por primera vez, muchas veces, teniendo en cuenta siempre la posibilidad del rechazo, que es parte de esto también; pero tu mente ya ha entendido que puede vivir de todo esto si es disciplinada, que debe mantenerse firme y no rendirse a pesar de no ver resultados en ese instante, que es normal desesperarse.

Al principio es difícil encontrar un equilibrio, y hay que saber que lo importante es pretender alcanzarlo, entendiendo que no es fácil. Porque es verdad que al principio uno puede sentirse en desequilibrio, incluso con su propia familia, es difícil reconocer cuánto tiempo se le debe dedicar a la familia y cuánto al trabajo, sobre todo cuando uno tiene tantas ganas e impulso para desarrollarse y encontrar la estabilidad económica. De esto se habla mucho, pero nadie te dice lo que en verdad pasa.

El primer consejo con el que uno se encuentra en un libro que habla sobre libertad financiera es acerca de la importancia del disfrute, las vacaciones y la familia, porque la gente piensa que como su trabajo es independiente y que es el dueño de su tiempo, entonces puede dedicarse de lleno a la diversión; pero no es así. Así como he sido honesto a lo largo de este libro, no dejaré de serlo y te compartiré lo que me pasó a mí. En los primeros dos años de mi negocio yo tuve que trabajar mucho tiempo, dedicar todas mis horas, hasta muy tarde en la noche, y sé que me perdí de compartir muchas cosas con mi familia justamente por no tener tiempo, no saber equilibrarlo o dedicárselo a ellos. Y no me justifico o excuso, pero es que estaba muy enfocado en hacer, con disciplina, aquello que tenía que hacer, y es que eso era lo preponderante para mí: construir mi propio ingreso. Fueron años difíciles, pero hoy podemos agradecerlo, tanto mi familia como yo.

Y es que uno debe hacer esto con tanta intensidad para que funcione, para que dé frutos. En el negocio de los seguros y de los *Final Expenses*, después de haber hecho la póliza tienes también la oportunidad de cobrar ingresos residuales mes con mes hasta que las personas han fallecido. Así que uno construye una cartera de ingresos que genera residuales, no sólo es la venta de un día, sino ese pago adicional, y eso es una bendición también. Por eso es que debe trabajarse con constancia y consistencia, todo debe estar en su lugar. No tienes que ser más inteligente ni tratar de encontrar un secreto oculto, en realidad, porque la industria ya está hecha, muchas compañías tienen su sistema de *marketing* funcionando, lo único que uno tiene que hacer es ser disciplinado, hacer las cosas correctamente, dejarse orientar e incluso hasta hacer cambios dentro de tu propia agencia, siempre y cuando la compañía para la que escogiste trabajar te lo permita.

Otro punto importante que no debe perderse de vista es que después de haber comenzado lo que ya empezaste debes confiar en ello. Tienes que creer en lo que estás construyendo, mantener la fe y el entusiasmo. Si te dejas convencer por los pensamientos destructivos y te inclinas hacia el lado negativo y no el positivo, entonces puedes sucumbir y caer en vez de alcanzar el éxito. No sólo debes confiar en el negocio que estás construyendo, sino que debes de confiar en ti, en tu potencial y tus capacidades, en todo lo que has trabajado y en aquello que quieres lograr. No te detengas en la duda o en el miedo, pues ya sabemos que estos siempre te van a acompañar. La confianza es el capital necesario para construir una agencia de seguros, por lo menos en los *Final Expenses*.

Si ya tienes ese capital tan importante que está hecho de confianza, entonces ahora sigue pensar en el modelo de negocios y cómo lo vas a ejecutar. Ésta es la parte más interesante. Porque la visión es también una pieza fundamental dentro de este proceso que es crear una empresa.

Pero si tú eres una persona que tiene el espíritu de emprender y esa capacidad de visión, yo tengo el sistema. Si una persona tiene la agencia y las ganas, yo puedo decirle cómo generar los clientes y cómo generar a su vez un sistema para entrenarse y aprender a entrenar a los demás. Tú eres una persona con cualidades y habilidades que está acercándose, como yo hice una vez, a la industria de los seguros y, más específicamente, a la industria de los *Final Expenses*.

Una ventaja que comente durante todo este texto es que no estamos hablando de grandes números, contrario a lo que todo mundo pudiera creer. La licencia puede costarte menos de trescientos dólares; y la publicidad cien o doscientos, pero si sabes cómo y con quién hacerlo. La gente pensaría que es muchísimo más costoso porque es un tema muy especializado; pero no, no es como vender jabón. En la especificidad está el dinero, como he recalcado antes.

Al comenzar un negocio debes crear un plan lo suficientemente flexible como innovador dentro de lo empresarial. Siempre será imperante que en el negocio que estés emprendiendo, sea el que sea, puedas ver resultados a corto plazo, que sea medible. El número noventa lo mencioné unos capítulos atrás, pero quiero regresar a éste, puesto que es lo que yo he visto en el proceso. A mí me parece correcto y razonable llamarle corto plazo a la cantidad de noventa días. Porque yo te estoy hablando de resultados, resultados que viví en carne propia, y aunque no puedo garantizar tu triunfo (porque éste dependerá de ti y tu trabajo), te pido que confíes, pues la manera de resolver tu futuro existe y es posible, que puedes alcanzar la estabilidad económica. Y es muy posible que los resultados comiencen a ser visibles en el plazo que yo te propongo. Noventa días. Depende de ti, por supuesto, pero propongámoslo como un límite, digamos que ya estás listo, eres un agente en el campo, estás llevando a cabo tu sistema tanto como el mío y existe la posibilidad de que en las primeras veinticuatro horas veas resultados ya expresados en tu cuenta bancaria, te invito a ver qué pasa cuando llegues a los noventa días.

La verdad es que uno como agente puede ver resultados casi de inmediato; sin embargo, ponerte un plazo de noventa días para medir aquello que has ganado, incluso cuando no te ha ido tan bien cada día que has trabajo, podrás ver que el dinero que ganaste es muy bueno y es un dinero que en el mercado laboral como lo conocemos nadie está dispuesto a dártelo en tan poco tiempo. Realmente es que esta es una industria muy buena.

No existe un empresario que sea exitoso sin pensamiento creativo, no lo hay. Los negocios que florecen de manera más brillante y estelar son aquellos que fusionan las dos cosas: un buen producto y el pensamiento creativo. Esto es lo que te marca un objetivo: tu propia creatividad. Uno lee historias de éxito, por ejemplo, que inevitablemente te inspiran, esa inspiración te detona el pensamiento creativo. Esta manera de pensar te hará ver las oportunidades donde antes no las veías y es como si supieras qué hacer y cómo dirigirte. No tienes nada más que pensar, lo único que debes hacer es seguir ese pensamiento inspirador y ejecutarlo, prepararte y entender que habrá dificultades, como siempre las hay en todo lo que vale la pena vivir; sabes que necesitas coraje para convertirte en un hombre o mujer de negocios, pero para estas alturas de la lectura, si es que has llegado hasta aquí, sabemos que lo tienes.

Puede que no ocurra tan rápido como tú esperas, pero yo te garantizo el plazo de noventa días; pero se requiere de un proceso dentro del que siempre habrá dificultades. Yo no sé si uno debuta en la industria con historia de éxito o una historia de dificultades; lo que yo puedo asegurarte es que éstas son cíclicas. Y así lo serán siempre; así funciona el mundo. Y uno debe estar siempre preparado para la posibilidad de ambas porque no sabemos qué ocurrirá primero. Así que si logras mantenerte firme y fuerte esos noventa días, lograrás los resultados que pretendes, pues este tiempo es justo el necesario para entender si una cosa te funciona o no y si te da los resultados que tú quieres. También es importante saber distinguir, cuando uno hace un negocio, si está siendo demasiado insistente o demasiado necio, uno debe saber ser crítico y objetivo con uno mismo y entender si es necesario y cuándo apartarse. Una oportunidad le debe dar a uno hasta donde le funcione.

Cuando yo comencé este negocio tuve algunos embates en mis primeros enfrentamientos en el campo; sin embargo, antes de rendirme y gracias a Dios, después del tercer día de haber comenzado, vi en mi cuenta un depósito de setecientos dólares. No recibí diario esa cantidad; pero después de cuatro años, más o menos, al día de hoy, mi negocio factura al mes más de doscientos veinte mil dólares.

¿Qué me permitió ver aquella vez, en aquel momento, una oportunidad? Algo que funcionaba. Es cierto que me encontré con personas que me decían que no, que me rechazaban, gente que me decía que no estaba segura y otros que me firmaban en ese instante; pero aprendí a leer esas situaciones, a entender cómo se comportaban, qué variaciones tenían y cómo es que eran también repetitivas, y así podía dominarlas e incluso preverlas, cada vez mejor, con mejor postura. Al principio era temeroso, pero uno se va haciendo más fuerte, mientras más y mejor conoce su tema. Gracias a la repetición, a la constancia. Yo tuve suerte de poder tener el tiempo para dedicarme a esto, porque en esos momentos era a lo único que yo me dedicaba, por eso pude estar expuesto más tiempo y repetir tantas veces como era necesario. Así he podido llevar este negocio. En el primer mes logré facturar diecisiete mil quinientos dólares y hoy más de doscientos mil, cuando el mes todavía no ha terminado.

¿Recuerdas El cuadrante del dinero? Si leíste con atención ese capítulo, entonces recuerdas cuál será el siguiente paso. Si no leíste bien, te recomendaré regresar unas cuantas páginas y releer ese capítulo, pues para lo que sigue deberás haber comprendido muy bien los primeros pasos y tenerlos muy presentes.

No es que venga lo difícil, porque en realidad cada paso tiene su complejidad, obstáculos, vicisitudes y sus dificultades, lo que sigue será grande e importante. Así que memoriza bien el cuadrante y luego regresa. ¿Listo?

De dueño a empresario

Bien. Hemos revisado ya cómo se salta de ser empleado al autoempleo. ¿Qué procede? Ser el dueño de tu propio negocio. Porque reunir dinero es el trabajo más importante que un emprendedor deberá realizar; pues éste será el propulsor que te ayudará a dar ese salto exponencial a la siguiente sección de nuestro cuadrante.

Recordemos que muchos podrían pensar que este proceso es muy difícil o muy costoso; pero se equivocan. Para construir una agencia de seguros realmente no es necesaria una fortuna. Lo único que necesitas es registrar una corporación y sacarle una licencia en el departamento de seguros correspondiente. No hay que hacer examen, ni siquiera pagar un dinero. Así de fácil. En ese momento constituyes una agencia de seguros. El siguiente desafío estará en cómo atraer a la gente para que trabaje en ella.

La industria de los seguros no es sólo una industria, es un mundo. Y es un mundo que se ha formado a partir del voluntariado. ¿A qué me refiero con esto? A que todo agente empieza siendo voluntario, no va a recibir un sueldo porque trabaja por comisión. Hay cosas que uno debe entender al momento de que ha decidido empezar el proceso de construir su propia agencia, porque no llegas y te sientas en un escritorio nada más y todo se acomoda allá afuera, no es así. Uno tiene que producir dinero, garantizar sus finanzas, y al mismo tiempo contratar personas. Eso es lo complejo: contratar personas mientras sigues ganando dinero.

La gran ventaja es el mismo sistema. La misma industria y cómo funciona este mundo de los seguros. Porque el sistema te permite irte entrenando desde que empiezas, así como voluntario, pero mientras el mismo sistema te entrena, tú vas logrando hacer tus ingresos y podrás verlos crecer. Llegará un momento en que esos empleados voluntarios elevarán tanto sus ingresos, que el ingreso que tú ganas por ellos será el que sustituya el ingreso que te has ganado en el campo de venta. A esto se le llama "El reemplazo del ingreso", y quiere decir que has cambiado ya de posición, porque el mismo sistema te ha sacado de la calle o del campo.

Imagínalo así: un vendedor que toca puertas, además de los otros que a su vez van tocando puertas; va a llegar el día en que ese vendedor haya ganado tanto dinero gracias a los otros vendedores que él dejará de tocar puertas. Este agente del que hablo, el que ha sido ya sacado del campo, entonces será quien enseñe a los otros a hacer lo que él hacía, haciendo uso de sus talentos y conocimientos. El éxito de ellos es el tuyo y es el que afectará tus resultados. Directa e indirectamente todos terminan siendo parte de tu equipo; son tu propio impulso. Eso es lo que buscamos en la industria de los seguros. Es lo que todo agente pretende.

En ese momento, el vendedor ha pasado a una nueva posición llamada Dirección de agencia.

Si tú quieres lograr esto, yo puedo enseñarte la manera, el modelo, los sistemas. Mi intención es mostrarte cómo lograr que tú mantengas una producción que sostenga tus ingresos, que puedas ganar de siete mil a diez mil dólares mensuales mientras continúas con el proceso de contrataciones de agentes voluntarios; digamos que mensualmente contratas cuatro personas y haces esto durante dos años, vas a lograr una agencia de seguros que a muy corto plazo ya facture un millón de dólares. Porque así funciona el sistema; pero este sistema se alimenta de ti, de tu disciplina, tu disposición, tu proceso de aprendizaje.

Regresemos un poco. Entonces has logrado reunir ya la suficiente cantidad de dinero, ya tienes los ingresos y quieres continuar con lo que sigue. Quieres crecer. Quieres no sólo ser tu autoempleado, sino que haya personas trabajando también para ti. No quieres que te ayuden únicamente, sino que tú igual quieres ayudar a otros. El siguiente paso es el de construir tu agencia. Ya te he mencionado que yo te ayudaré a que otras compañías, tecnologías y campañas de publicidad o *marketing* trabajen tanto contigo como para ti, no tú para ellas. Ya tienes la idea.

En mis seminarios yo te mostraré y te diré los nombres específicos, tanto de compañías como de campañas; te diré cuáles son las redes sociales más convenientes para ti; te explicaré no sólo cómo funciona el *e-mail marketing*, sino cómo hacer que éste trabaje en función de tus necesidades.

El *e-mail marketing* es una excelente herramienta que dispone una marca para poder comunicarse con sus clientes. Es un arma muy poderosa, ya que bien utilizada puede lograr resultados excelentes; es la oportunidad perfecta para ofrecer al usuario contenido personalizable con el objetivo de convertir *leads* en posibles clientes.

Antes de continuar explicándote las campañas de *e-mail marketing*, quisiera explicarte también qué son los *leads*; ya que generar *leads* es uno de los objetivos principales que pretende una estrategia de *marketing*. Un *lead* es un usuario que ha entregado previamente sus datos a una empresa y que, como consecuencia, pasa a ser un registro de la base de datos con que la organización interactuará. Esta persona ha estado de acuerdo, por supuesto, con las políticas de privacidad de dicha compañía. Normalmente, los *leads* se generarán a través de contenidos de valor que pueden descargarse, como un formulario en un blog o en una página web, etcétera, según el sector y los objetivos de cada empresa. Por lo tanto, para empezar a generar *leads* para tu empresa, son necesarios los contenidos interesantes y de alta calidad para tu público.

Se considera un *lead* al usuario que se encuentra todavía en la primera fase del ciclo de compra, un suscriptor, digamos, un usuario que ha proporcionado su correo electrónico u otro dato de contacto y ha aceptado recibir los contenidos de alguna página o empresa. Los *leads* son los usuarios que, a través de las diferentes técnicas de *marketing*, se convertirán en potenciales clientes y nuevos clientes de una empresa.

El *e-mail marketing*, como lo indica su nombre, utiliza el correo electrónico y un grupo de contactos, pero no es nada invasivo, porque para que el usuario pueda recibir ese mensaje en su correo electrónico habrá tenido que dar, previamente, sus datos. Lo que quiere decir que está esperando respuestas y está buscando ese servicio que nosotros ofrecemos. El *e-mail marketing* sirve para mantener el contacto con los clientes, hacerles llegar noticias sobre el tema de interés, mantener la marca visible y presente, así como atrayente, y desarrollar estrategias de *marketing* de contenidos, entre otras cosas. Además, un punto a favor para estas campañas son sus posibilidades para medir los resultados en tiempo real y de manera instantánea, ya que existen muchísimas plataformas que analizan a detalle cada campaña.

Es probable que los resultados esperados no se obtengan a la primera ni a corto plazo, uno debe ser paciente, constante y dedicado para conseguir una campaña efectiva de *e-mail marketing*. Es lo que yo te enseñaré. Te daré los nombres de las campañas, te explicaré paso a paso cómo lograr resultados inmediatos. Y es que esto también necesita dedicación, por más adaptable que una campaña como ésta resulte para tu negocio y necesidades, no es algo tan sencillo, se necesita la creatividad tanto como los conocimientos, cosa que yo te voy a dar. Porque al final, el costo de una campaña no es tan alto como podrías pensar, lo difícil es encontrar la que te conviene a ti. Por eso es que hemos descubierto al *e-mail marketing* como una de las mejores herramientas para que una empresa pueda hacer *marketing* mucho más directo.

Y es que dentro del mundo de los negocios, la publicidad, el *marketing* y las redes sociales son básicas; sin embargo, incluso en este mundo tan amplio debemos concentrarnos en la especificidad. Porque no usaremos ni todas las estrategias de *marketing* ni todas las redes sociales, son muy pocas y son muy precisas.

Todas estas estrategias representan un desafío, incluso para el *e-mail marketing* es necesaria la data correcta, saber cómo usarla. En nuestro caso, o en la mayoría de los casos, no tiene costo, pues lo único es saber de dónde obtenerla, cuáles son esas páginas oficiales que necesitas conocer, para emprender y levantar tu negocio. No cometas el error de contratar compañías que van a cobrarte miles de dólares por venderte esas datas que yo estoy ofreciéndote, que yo te garantizo en mis seminarios. No te dejes llevar por la misma publicidad y esos anuncios grandes con letras de colores llamativos o brillantes que te dicen: "MIRA, LLAMA, CONTRATA" o cosas así, porque ninguna te está diciendo cómo hacerlo, sólo quieren tu dinero.

Pero yo no, todo lo contrario. Yo no estoy dispuesto a guardarme ningún secreto sobre cómo se hace.

Lo que uno debe buscar es su mercado natural. Yo llegué a este país sin conocer a nadie, pero aun así lo logré, sin mi mercado natural. Logré levantar este negocio, pero es que no tuve de otra. Sin embargo, y si no quieres hacer uso de mercado natural, yo puedo brindarte los clientes, los proveedores, etcétera, para que tú puedas contratarlos directamente. Lo que debes entender es que es posible para ti tener tu propia agencia, tu propia corporación, pero debes formalizarte. Este mercado es competitivo, sí, pero si uno tiene la información necesaria y la licencia, entonces puede avanzar y crecer hasta donde uno quiera.

La desinformación y la falta de formalidad son las únicas razones por las que la gente, aun con sus corporaciones, no logra avanzar.

Después de la licencia y el desarrollo de tu corporación, viene una parte muy importante. A este momento yo le llamo "El negocio de la gente y el negocio con la gente."

En este dibujo podemos ver al cliente y al agente de seguros. En esta transacción se da el negocio con la gente; aquí se puede ganar mucho dinero porque la relación es de compra y venta; pero, en la industria del seguro, lo que yo aprendí es que mientras más me aleje de la gente crece mi oportunidad de ganar más dinero. Por eso viene la construcción de mi agencia.

En este momento, yo he logrado pasar a la posición en que puedo decidir y enseñar a otros cómo hacer lo que yo hago. ¿Me explico?

Es como si me duplicara en más y más personas que sepan hacer lo mismo que yo, que lo hagan como yo, porque en realidad no puedo hablar con tantas miles de personas al mismo tiempo, por eso necesito de los otros, así como los otros necesitan de mí. Cuando yo enseño a otros, entonces tengo la oportunidad de ganar un porcentaje del dinero que ese otro está haciendo. Mientras más lejos esté yo de la gente, entrenando nuevos agentes, entonces más dinero puedo ganar. Estamos, como agentes, en el negocio con la gente, en el trato de toma y dame, la compra y la venta; sin embargo, ahora yo puedo jugar en el negocio del agente, aquí arriba, más lejos, como si yo fuera el cerebro. Porque estoy ayudando con información, enseñanza y capacitación, para que tú, como agente, quien está leyendo este libro ahora, entiendas cómo crecer y puedas hacerlo.

Yo pasé del negocio con la gente al negocio de la gente, lo que significa que ahora soy yo quién te enseñará, con todos mis conocimientos y experiencias, a que tú ganes más dinero, que construyas tu propio negocio, tu agencia y entiendas cómo duplicarte. Porque esta industria funciona porque fusiona lo mejor de dos mundos que todos conocemos: la franquicia y el multinivel. Ésta es una industria regulada; pero, si se aplican algunos puntos básicos, se puede desarrollar de manera exitosa.

A continuación te explicaré a qué me refiero. Al momento de iniciar un negocio, uno puede decidir hacerlo por su cuenta, digamos abrir una cafetería, o decidir apalancarte en el conocimiento o experiencia de aquellos dispuestos a orientarte y decirte cómo.

La franquicia ofrece una oportunidad de desarrollar un negocio de éxito, utilizando el mismo sistema de trabajo. Aquí se desarrolla el negocio bajo tutela y asesoramiento de la compañía central. La franquicia aporta su imagen de compañía, su formación, productos y su asesoramiento a cambio de una inversión inicial y la promesa de un porcentaje de ventas a realizar.

En el caso del multinivel, éste le ofrece a sus distribuidores la posibilidad de usar sus productos y sistema de gestión, ya sea para su uso o venta para clientes. La presencia de los productos en el multinivel es necesaria para tener garantía de su consumo; de lo contrario, estaríamos hablando de un sistema piramidal, que no funciona de esta manera.

Las dos son importantes oportunidades de negocio y comparten la entrega regular del producto o el servicio, la formación, las campañas de *marketing* y el soporte administrativo a través de la compañía; si bien en la franquicia se tiene que invertir mucho dinero, se tiene la probabilidad de generarlo incluso si uno no tiene los conocimientos suficientes o los estudios; mientras que en el multinivel se requiere poca inversión, pero mucha habilidad en relaciones públicas. Invertir en una franquicia únicamente garantiza un gasto de dinero, no su ingreso. No digo que el modelo de franquicia no funcione, claro que funciona; pero es muy desafiante porque uno necesita una gran cantidad de dinero para invertir. Yo recomendaría otro modelo en que no sienta mi dinero puesto en riesgo.

La industria de los seguros fusiona ambos modelos. Yo puedo tener la marca de una compañía y trabajar valiéndome de éstas, sin tener que poner el dinero; en la industria de los seguros puedes respaldarte con el nombre de una compañía y no pagar con dinero, sino únicamente siguiendo sus reglas.

El multinivel es el negocio con la gente, ¿por qué la industria de los seguros fusiona ambos? Porque en el caso de una agencia, yo necesito encontrar personas para hacer crecer mi negocio; yo busco gente soñadora que necesite un trabajo, las contrato y así como ellas ganan dinero respaldándose con mi agencia y compañía, también lo hago yo gracias a ellas.

En el negocio de los seguros, hay compañías aseguradoras que se prestan como plataforma, que te permiten utilizar su nombre y su marca sin cobrarte nada; te venden algunas cosas, pero la mayoría lo hace así, permitiéndote trabajar con su material de *marketing*. Te uniformas como ellos, como si fueras un empleado suyo; pero, en realidad, eres independiente. La compañía se vuelve, finalmente, tu respaldo; el nombre de una compañía que tiene cien años de existencia te acredita y protege. Así empecé yo. Me puse el uniforme de una compañía y así comencé a construir mi ingreso. Encontrar la compañía correcta es importante justo por eso.

El desafío siguiente es encontrar a esas personas que quieran trabajar contigo; el desafío próximo es haberte vuelto tú esa compañía ideal para quien quiera dedicarse a la industria de los *Final Expenses*.

Pongo un aviso formal que muestre los requerimientos para el perfil que estoy buscando y todo lo que yo también ofrezco a cambio. Desde el principio dejo muy claro que el trabajo es de manera independiente, un autoempleo, pero que puede transformarse en una carrera en la industria de los seguros. Así empecé mi agencia. Puse un primer anuncio con toda la información, y de un momento a otro, ya había personas hablándome para preguntarme dónde estaban las oficinas. Yo no tenía oficinas en ese momento; pero, a partir de entonces, porque ya era inminente y necesario, busqué una oficina. La encontré, y luego cree la página web, las redes sociales. Hablé con la compañía que me representaba para preguntarles si podía colocar información suya en la página de mi agencia, me dijeron que sí y así lo hice. Yo era una agencia representando a una compañía de seguros, y justamente por esa razón era que la gente se interesaba. Así comencé a crecer, valiéndome de las redes sociales, de campañas de publicidad, *marketing*, televisión, para buscar y encontrar personas que quisieran emprender una carrera de igual manera en que yo lo había logrado. Así empecé a explicarles el camino y así comenzaron a ver resultados ellos también.

Empecé dando conferencias y seminarios sin siquiera planearlo, comencé a capacitar y entrenar a todos los interesados y así empezó a crecer el negocio, más y más cada vez. De pronto me di cuenta de que no sólo el negocio había crecido, sino que cada persona crecía también gracias a las oportunidades que había encontrado conmigo. Entendí que si alguna de esas personas quería o estaba interesada en poner después su propia agencia, iba a poder hacerlo de manera eficaz y eficiente, porque yo le había enseñado a hacerlo, con mis resultados y experiencias, pero que había podido transmitirlos y enseñarlos de la manera correcta.

Llegó ese momento en que me sorprendí a mí mismo una vez más. La realización que tuve cuando supe que había ayudado a otros fue más grande que esos setecientos dólares reflejados en mi cuenta cuando comencé mi carrera en esta industria.

Hicimos la empresa, le dimos esa seriedad que necesitaba y la acompañamos de resultados. Aprendimos a hacerlo de una manera distinta a como lo estaban haciendo otras compañías, entendimos que la mejor manera de emplear a otros no era persiguiéndolos sino dejándolos acercarse a nosotros. Hicimos campañas de *marketing*, abrimos vacantes de trabajo y ofrecimos oportunidades, tanto como resultados.

La gente quiere triunfar, pero no todos tienen tan bien plantados los pies, muchos tienen miedo de pagar sus errores con dinero. La mayoría busca algo seguro, pero está muy equivocado si no ha entendido que trabajar de manera independiente, como autoempleado, puede ser eso seguro que estás buscando, si te dejas orientar y dirigirte. Tú puedes descubrir aquí que, a pesar del riesgo, hay gente que no sólo lo está haciendo, sino que lo ha logrado, y que esa gente está aquí para capacitarte a ti, para enseñarte cómo y garantizarte resultados rápidos.

Cuando lo ves, tu mentalidad cambia, pues comprendes que esta es una carrera apasionante, cuyas oportunidades y posibilidades son casi infinitas. Incluso yo me percaté de esto. Cuando logré construir la empresa, entendí que era ahí donde existía una posibilidad más que no había explorado y, por lo tanto, todavía no comprendía. Pero lo vi, fue en ese momento cuando supe y pude ver que podía ganar todavía más dinero si lograba ayudar a que otras personas construyeran su propia agencia.

Son dos cosas distintas, el negocio con la gente y el negocio de la gente. Recordemos el dibujo hace unas páginas.

Cuando yo me alejo del agente o del vendedor, comprendo que esa es la oportunidad de duplicar el dinero que me ganaba antes, siendo yo vendedor. Cuando mis ingresos crecieron y mi mente emprendedora tomó la decisión de hacer la empresa y trabajar en la realización, mi misión quedó muy clara. Yo vi que el negocio funcionaba y que podía hacer que él mismo trabajara para mí. De pronto fue como si mi cerebro se hubiera partido en dos, como si fuera dos yo en paralelo: uno trabajando en el negocio con la gente, haciendo negocios y transacciones; pero en el otro lado estás en el negocio del agente pensando en cómo duplicarte para llamar la atención de otra persona que quiera hacer lo mismo que tú y enseñarle cómo hacerlo. Porque yo me gano un dinero que otras personas allá afuera también quieren ganarse; pero no todos están dispuestos a hacerlo de la misma manera. Yo pude dividir mi actividad en dos partes y lograr trabajar ambas en paralelo, cosa que me permitió consolidar de manera muy acelerada, en dos años, mi agencia y mi carrera como productor. Así me hice productor nacional, y así también nos volvimos una agencia nacional.

Empecé en el negocio con la gente y ahora estoy en el negocio de la gente, soy el cerebro en el momento de expansión, lo que me hace recibir más dinero. Todo éste es un proceso que se logra cuando pasas de productor de seguros o vendedor a constituir tu propia agencia de seguros. Lo único que necesitas es tu talento, la preparación y formación, creer en ti y en tu propia capacidad para triunfar, no grandes cantidades de dinero y es que, al final, el mismo sistema de negocios te lo financia. Es como dejarse llevar por la corriente de un río. El dinero es consecuencia del trabajo, así como lo es el desarrollo y crecimiento, tanto de uno mismo, como de su propia empresa. Al final, si uno termina siendo líder, mente o maestro para otros, es porque ha sabido, no sólo comprender su propio proceso, sino usarlo como ejemplo. Yo no te voy a invitar a conocer la libertad financiera sólo si me pagas una membresía costosísima y hasta después de dos años. Cuando tú estás dentro de esta industria y han pasado seis o siete meses sin que veas ningún resultado, entenderás que te estás desgastando, y no vale la pena. Pero lo que yo estoy tratando es de enseñarte todo lo contrario, dirigirte y orientarte para tener la determinación que necesitas para poder hacer lo que sea que tengas que hacer para obtener y evaluar en noventa días tus resultados.

Yo voy a terminar el mes facturando más o menos trescientos mil dólares, gracias a mi aprendizaje y a este proceso del cambio del negocio con la gente al negocio de la gente, este proceso de alejamiento, producto de un sistema que funciona, es lo que te voy a enseñar. No estoy diciendo que yo soy una garantía; lo único que estoy asegurándote es aquello que a mí me funcionó. Trabajé con toda mi capacidad de disciplina, desde levantarme temprano, salir al campo, cumplir las horas, alimentarme bien, acostarme tarde, entrenarme, re-entrenarme, aprender de la prueba y el error, hasta alcanzar mis resultados.

Mis resultados son, por ejemplo hoy, la libertad financiera. No te estoy garantizando el éxito porque tu éxito depende de ti; porque además la definición de éxito varía para cada uno de nosotros.

Lo único que te comparto es mi proceso, esperando de todo corazón que te funcione, que te guíe, o por lo menos te inspire. No puedo controlar ni tu tiempo ni tus pensamientos, sólo los míos; así como tú controlas únicamente los tuyos, por eso te hablo desde mi experiencia y a través de mi proceso, lo que a mí me funcionó. Puede ser que seas más o menos determinado que yo, puede ser que tu pensamiento sea más o menos creativo de lo que fue el mío, no es lo importante, lo importante es que te decidas a emprender, a pensar de otra manera, a desarrollarte en todos los ámbitos que tú desees y simplemente te decidas a triunfar.

Porque por supuesto que cuando yo logré consolidar mi agencia y mi carrera como productor, volviéndonos nacionales, yo era mi propia secretaria, mi propio contador, mi propio administrador, me tocaba hacerlo todo; pero las cosas fueron avanzando, creciendo, y ahora tengo una asistente en mi oficina de Miami; tengo oficinas en Houston, en Orlando y hasta resulta que he podido escribir un libro.

Después de cinco años de trayecto, de camino, sí puedo asegurarte que los *Final Expenses* son más que una simple oportunidad de trabajo y una manera de ganar dinero. Lo único que quiero es que tú también seas capaz de abrir los ojos, de reconocerlo.

De dueño de negocio a inversionista
El camino a la libertad financiera

Así construí y levanté mi agencia. Porque supe darme cuenta de que hacía más dinero si lograba que otras personas construyeran la propia. Porque entendí que así funcionaba el sistema, que todo mundo quiere crecer y que en la industria de los *Final Expenses*, cabemos todos, y de igual manera entre todos nos ayudamos. Una de las grandes ventajas de que esta industria fusione los modelos de franquicia y multinivel es la posibilidad de formar cadenas, que uno crece con el volumen del otro. Y las restricciones no existen.

Mientras más aprovechemos las enseñanzas de nuestros mentores, de aquellos que van unos pasos más adelante que nosotros y nos dejemos orientar e inspirar, más creceremos todos. Ésta es una carrera en la que vas a ganar más dinero si has comprendido el negocio con la gente y el negocio de la gente. Yo puedo tener muchos vendedores en el campo; pero lo que en verdad me conviene es que ellos crezcan bajo mi dirección, pues así es como podrán expandir su negocio, al mismo tiempo expandirán el mío. Aquí está muy claramente el ejemplo de por qué funciona como un modelo de multinivel: porque es una cadena. Si alguien trabaja conmigo, la garantía que puedo prometer son resultados en menos de noventa días; la oportunidad que ofrezco es la de crecer.

Yo pude aprender a capitalizar todo aquello que pasaba a mi alrededor, porque lo entendí. En el proceso de construcción de la agencia, me di la oportunidad de aprender de esas fallas, siempre con el miedo como motor, y pudimos encontrar a las personas, contratarlas, orientarlas y dirigirlas para ganar dinero. Muchas personas se irán, claudicarán, yo lo sé. Estoy seguro también de que no todos habrán llegado hasta esta página; por eso quienes se quedan, siguen leyendo o se mantienen, son sobresalientes.

Mi amigo puertorriqueño fue quien me orientó a mí. Le agradezco mucho todas sus enseñanzas. Lo tengo a él siempre presente porque me compartió sin dudarlo un instante sus veinte años de experiencia. Gracias a él yo pude capitalizar todo el proceso.

Él tenía seis años en esta industria dando vueltas en círculos; cuando yo lo conocí, él seguía en el campo. Nos hicimos amigos; él me compartió todo el conocimiento que para ese entonces había adquirido; sin embargo, cuando yo llegué y entendí la oportunidad de oro que teníamos enfrente, aproveché la experiencia de mi amigo, aprendí a no repetir los errores que él alguna vez cometió. Gracias a él, supe muy rápidamente todo lo que no debía hacer, y así logré descifrar la fórmula. En cuanto entendí cuál era el próximo paso a seguir, me lo llevé conmigo. Todo lo que él había aprendido, toda su experiencia, aunado a mis conocimientos de *marketing* y a mi mente de empresa, nos permitieron fusionar el método tradicional con técnicas novedosas y actualizadas como el *marketing 2.0* y así logramos constituir cada quien su compañía.

Recordemos que la competencia no será jamás de una compañía a otra sino con las capacidades de uno mismo. Dentro de esta industria, es un poco como si todos fuéramos socios el uno del otro.

Él había sabido cómo mantenerse firme, cosa que fue fundamental en la orientación que él me dio, pues me enseñó a ser igual en ese aspecto y a no cometer los mismos errores; pero yo llegué a revolucionar la manera en la que podíamos hacer las cosas. Yo fui ese impulso que él necesitaba para moverse. Yo aprendí de su experiencia y él aprendió de mi originalidad y mi manera singular y creativa de pensar. Así pudimos avanzar los dos. Cuando uno es dueño de su negocio se vuelve jefe, y ser jefe conlleva muchas cosas que uno ni se imaginaría. Pero así pudimos. Nos formamos, nos preparamos y logramos ejecutar un plan de negocios. Si la formalidad para cumplir no hubiera existido, entonces nuestras buenas intenciones no nos hubieran servido de nada.

Mis intenciones siempre han sido hacer crecer el negocio del que vivo y mantengo a mi familia; intenciones siempre acompañadas por la formalidad y la capacidad de trabajo; sin embargo, la única manera de llegar a las metas es con más apoyo, haciéndolo todo más grande, llenándolo de gente.

La gente quiere sentirse parte de algo, no importa si son autoempleados independientes, deben saber que no están solos en este negocio, que existe la dirección, que existe un mentor y una red de soporte de personas.

Reconozco mi capacidad de oratoria, pues he trabajado mucho en ella desde que empecé a dedicarme a esta industria; cosa que, además, ha ido creciendo con los años, de manera inevitable. El paso del negocio con la gente al negocio de la gente (¿recuerdas?) fue justamente una de nueva razón para seguirme desarrollando como orador, y no sólo eso, también como entrenador y maestro. Porque ha sido necesario.

Porque después de un tiempo, llegará ese momento en que tus ingresos superarán tus gastos, y es ese momento el que deberás aprovechar para invertir. Puedes poner un poquito más de dinero que puedas gastar e invertir con responsabilidad. En este país puedes uno puede aprender muy fácilmente cómo invertir, incluso, en acciones de *Wall Street*.

El último nivel del cuadrante es el del Inversionista, como bien sabemos.

Los inversionistas son, en pocas palabras, quienes ganan dinero con el dinero; ya no trabajan porque su dinero está trabajando por ellos. Esta última sección es el campo de juego de los millonarios. No importa de qué manera o en qué sección del cuadrante hayan logrado hacer su dinero o su fortuna, llegar a este nivel del cuadrante es lo que uno pretende si quiere ser rico. El mismo dinero se convierte en riqueza.

La agencia que yo levanté me dio mucho dinero, cada vez ganaba más y trabajaba menos; pues el sistema de negocios crecía sin más esfuerzo físico de mi parte, únicamente mental. Me di cuenta de que había logrado lo que se puede considerar éxito financiero. Aun así, sabía que necesitaba convertir ese flujo de dinero que venía de mi empresa en activos más tangibles, que producirían un adicional flujo de efectivo. No lo hice solo, sino que con ayuda logré hacer crecer mi negocio y levantarlo hasta el éxito. Así que lo único que podía seguir ahora era enfocarme en la manera de hacer crecer los activos hasta que ese flujo de dinero que éstos me proveían fuera más grande que mis gastos y los de mi familia. Yo sabía que podía considerar mi agencia como un activo, pues me generaba un ingreso y funcionaba de manera correcta sin que yo tuviera que intervenir demasiado.

Así que empecé a contemplar la idea de saltar a la siguiente y última sección del cuadrante. Me puse a pensar que lo siguiente era buscar y asegurar el logro de activos tangibles, que podía tratarse de acciones o bienes raíces, pues me proporcionarían un ingreso pasivo superior a lo que mi familia y yo gastábamos; esto me permitiría pasar de dueño de negocio a inversionista. Esto significaba atravesar el cuadrante en su totalidad y asegurar no sólo la estabilidad financiera o el bienestar para mi familia, sino la afirmación y el darme cuenta de que en ese momento podríamos decir que éramos ricos.

Así fue que se me ocurrió la idea de invertir en cajeros automáticos (o ATM's). Esto apenas se concretó a principios de este año.

Todo mundo pensamos que la mejor manera de invertir nuestro dinero es en las propiedades o en los bienes raíces. Era lo que seguía, ¿no es cierto?

Así que empecé a buscar casas, departamentos y a comparar precios. Me fui metiendo más y más dentro del tema, entendí que necesitaba un préstamo, pagar una hipoteca, los seguros por la deuda, etcétera, cosa que sumaba más o menos lo que yo pagaba de renta.

Doy el pago y luego rento la casa en dos mil quinientos dólares. Esos dos mil los gasté porque debía pagar el préstamo y el seguro, así que me quedaban quinientos dólares libres.

Una cantidad que no era suficiente como para comprar una casa; pero sí para invertir en otra cosa. Y así fue que se me ocurrió la idea de invertir en cajeros automáticos (o ATM's).

Estados Unidos es un país que prácticamente funciona como plataforma si lo que uno quiere es hacerse fácilmente millonario. Yo no podía comprarme más de una casa y mucho menos un banco; lo que sí podía hacer era comprar un ATM (o un cajero automático) porque costaba poco dinero y me alcanzaba para eso.

Entendí que era no sólo una buena idea, sino un buen negocio, porque era yo quien podía decidir dónde colocar cada cajero, y hacerlo de manera tan estratégica como mi mente lo permitiera, en algún lugar turístico, por ejemplo, cerca de la playa o donde yo quisiera. Porque sin importar la hora la zona, cada persona que necesite dinero, por el uso de mi cajero deberá pagar una cuota por sacarlo.

Un cajero automático me puede dar quinientos dólares al mes. En vez de pagar cincuenta mil dólares por una casa y arreglarla, puedo invertir en quince ATM's. Si no pago casa ni renta y el ATM me genera ingresos residuales de quinientos dólares, más o menos, cada mes, la inversión ha quedado saldada en menos de un año y de ahí para adelante todo se transforma en ganancia. Al final es la misma utilidad libre, sin la responsabilidad enorme que representa una casa, pagar préstamo, seguro, ni lidiar con inquilinos. Los cajeros automáticos se volvieron un ingreso residual sin ser un dolor de cabeza.

Yo entendí que una casa no era una inversión sino algo que debía tener; sin embargo, antes de tenerlo, decidí comprar los cajeros porque entendí que de igual manera iba a darme el dinero que yo esperaba sacar de una casa. Primero compré uno, investigué sobre el tema y el negocio (¿ves cómo te digo que uno debe mantenerse siempre curioso, dispuesto a aprender, a informarse? Porque siempre se puede saber más), y entonces vi que existían modelos de franquicias de cajeros automáticos, pero yo busqué quien pudiera venderme uno solo. Compré quince y los coloqué de manera estratégica. A las dos semanas los cajeros automáticos me estaban generando ya un ingreso. Se volvió un negocio muy sencillo que me daba la misma ganancia que me daba una casa, pero no me provocaba ninguna clase de conflicto. No tenía que hacer nada más que comprarlos y decidir dónde colocar cada uno.

La última sección del cuadrante del dinero trata específicamente con la idea del dinero que gana dinero. Tu propio dinero trabaja para ti, con el fin de que puedas dejar de trabajar. Entendamos que puede no tratarse de fortunas y que hay infinitas maneras de invertir; de lo que se trata es de lograr un ingreso residual. El mismo dinero de los ATM's me está dando dinero a mí también; esto me posiciona en el último nivel del cuadrante; si mi dinero me hace ganar dinero, entonces he saltado a la sección última, que me permite reconocerme como inversionista.

Otra manera importante de invertir, que debemos tener en cuenta, es la educación. Un elemento del que he hablado a lo largo de todo este libro; a pesar de no haberme referido a la educación como una posibilidad de inversión.

La educación tradicional es más que importante, es fundamental, es indispensable. Mientras mejor formación o educación tengamos, mejores serán nuestras oportunidades para ganar dinero. La persona promedio pasará más o menos cuarenta años trabajando de manera activa; así que cuatro años de educación universitaria, por ejemplo, o de cualquier otro tipo de educación superior es una inversión excelente. El trabajo duro y la constancia constituyen otro tipo de inversión, digamos que al ser empleado de toda la vida de una compañía o del gobierno, como retribución y por medio de un contrato, el empleado podrá obtener la recompensa de una pensión vitalicia, por ejemplo. Cada uno de nosotros invertirá en lo que decida o sienta más conveniente. Sin embargo, yo pienso que a pesar de que todas las inversiones son válidas, para llegar al éxito financiero, es necesario que la manera de invertir que haya escogido, sea una que le genere un ingreso de manera constante durante los años laborales, poder constatar que tu propio dinero está trabajando para ti y generando de esta manera más ingreso.

Pensemos en una persona que adquirió una casa como inversión y ha decidido ponerla en renta. Si la renta que recibe es mayor que los gastos necesarios para operar la propiedad, entonces está recibiendo un ingreso como inversionista. Lo mismo ocurre con personas que reciben sus ingresos como intereses por sus ahorros o dividendos de acciones y obligaciones. Lo que a una persona lo posicione en el último nivel del cuadrante del dinero es cuánto dinero del cuadrante estás generando sin trabajar dentro. Lo que diferencia a un inversionista es que su principal objetivo es lograr que su dinero gane dinero. Si uno es bueno para esto, entonces podrá tener trabajando ese dinero para sí mismo y para sus familias hasta por cientos de años.

El secreto para hacerse más rico y ganar más dinero es ganarlo en la columna de activos y no en la columna de ingresos.

Y así pasó el tiempo. Me llegó el correo que me daba la oportunidad de construir una agencia y por lo tanto expandirme. Así lo hicimos.

Hace dos años, en el dos mil diecisiete nos llegó la noticia de que el huracán Irma arremetería contra Florida. Para ese momento, la agencia ya facturaba setenta mil dólares al mes. El pronóstico no era muy alentador cuando la alerta por el huracán se presentó; los noticieros hacían pensar que el estado quedaría destruido, incluso mandaron a desalojar. Todos entramos en pánico. La gente salió como loca de ahí, se fueron todos.

Cuando esto ocurre, mi amigo el puertorriqueño me habló por teléfono, recibo su llamada en la que me dice que pensemos en movernos a Wisconsin si lo del huracán es inminente. Yo no dominaba el idioma en ese momento, y eso le dije, cómo íbamos a irnos a Wisconsin si yo no hablaba inglés, además hacía mucho frío. El negocio se nos detuvo, los agentes se paralizaron, no sabíamos qué hacer ni cómo resolverlo. Pero encontré una página en la que yo podía sacar una licencia como un agente no residente del estado; esto quería decir que podía vender seguros en otro estado. Así que hablé con todas las personas con las que trabajaba, les expliqué que la oportunidad que se había abierto era la de irnos a Wisconsin, pero uno de mis empleados dijo que un tiempo atrás había pasado un huracán en Houston, Texas, y que había acabado con el equipo que estaba ahí trabajando, que las ventas se les habían caído y esa agencia había quebrado, lo que había dejado completamente solo al estado.

Así que Texas estaba abierto y nos invitaba a ser esa agencia que podía reemplazar a la anterior. Llamé a mis mejores agentes, les expliqué la gran oportunidad que se nos presentaba, que teníamos buena posibilidad de clientes y de clima allá en Texas. Todos accedieron.

El huracán no había llegado todavía, pero teníamos ese plan B en caso de que ocurriera algo. Fueron días muy duros. Nos preparamos para el huracán, para su antes y para su durante. Vendí como loco hasta el último día, porque no podía parar, no podía darme el lujo de quedarme sin dinero si el huracán arrasaba con todo. Recuerdo que un día de aquellos, me tocó visitar a un señor como de ochenta años, más o menos, entré a su casa con la intención de venderle un seguro, y cuando escuché lo que él me decía, cuando me expresó la preocupación que sentía, el miedo que tenía de que el huracán cortara la electricidad, porque su esposa estaba en cama y conectada en la habitación de arriba, me di cuenta de que había personas con problemas más graves que los nuestros. Esa conversación con aquel hombre me dejó pensando, me hizo tomar perspectiva, entender las cosas de una manera distinta. Fueron días pesados y difíciles para todos.

El huracán llegó y también pasó. A los dos o tres días, salí de mi casa, sin saber qué esperar, con qué me encontraría allá afuera, pero ya todo estaba seco. Ya todo estaba en calma. Sin embargo, mucha gente se había ido, porque el pánico colectivo nos afectó a todos. Muchos de mis agentes se habían ido también; el estado de Texas estaba esperando por nosotros. Entré a la computadora, a la página que mencioné unas líneas más arriba, sacamos las licencias de no residentes para Texas con un grupo de agentes y dimos ese primer nuevo paso.

Texas se convirtió en nuestro segundo estado, facturando en este momento más de un millón de dólares al año para nosotros. Tomamos el estado de norte a sur con nuestro sistema.

Descubrimos que Miami había sido la mejor plaza para nosotros porque nos ayudó a poner en marcha ese sistema, gracias a la diversidad cultural que aquí encontramos. Cuando nos fuimos más al norte nos encontramos con culturas más amables y dispuestas a recibir nuestro trabajo, lo que hizo que nuestro sistema funcionara más y mejor, y así es que lo hemos podido seguir haciendo. Así empezó nuestra expansión en aquel momento, así llegamos y abarcamos un segundo estado.

Cuando brincamos a Texas, los ingresos se triplicaron, descubrí que los mexicanos se habían vuelto nuestros primeros clientes.

Un ejemplo más de cómo el miedo puede paralizarte o darte impulso.

Otra cosa que ocurrió gracias al huracán y también muy curiosa fue que mientras pensábamos qué hacer con la agencia, hacia dónde llevarla o cómo solucionaríamos el desastre que pensábamos que ocurriría, pasó lo siguiente:

Yo ya había dado el salto al último sector del cuadrante, era tanto dueño de mi negocio como inversionista; ya había comprado los cajeros automáticos y ya estaba recibiendo dinero de ellos. Lo que pasó fue después del huracán, descubrí que los cajeros se habían quedado vacíos, sin un dólar. ¿Qué había pasado? Que todo mundo había sacado su dinero en efectivo antes de desalojar el estado de Florida. Esto fue muy interesante también, pues una cosa que podía ser completamente negativa, como lo era el huracán, terminó dándome más de lo que yo hubiera esperado. El huracán me hizo ganar más dinero, me permitió expandirme todavía más.

De pronto no sé cómo funciona o por qué las cosas ocurren como ocurren. Tal vez saber que el emprendimiento siempre tendrá sus riesgos y saber que uno debe estar preparado para enfrentar tanto lo positivo como su contrario te vuelve más racional, y ser racional te ayuda a saber mirar las opciones y objetivamente entender cuál es la más conveniente y efectiva. No lo sé.

Dios opera de maneras misteriosas, y tal vez ni siquiera valga la pena cuestionarlo. Así logramos expandirnos, así pude invertir en más cajeros automáticos, así logré llegar a la última sección del cuadrante del dinero. Dueño de mi propio negocio, ya en dos estados y además inversionista.

¿Y ahora?

Yo no sé quedarme quieto. La cuestión de que el análisis produce parálisis es algo que a mí nunca me ha logrado afectar por mucho tiempo. Ni siquiera un huracán ha logrado detenerme. Yo he aprendido a analizar las cosas el suficiente tiempo para de inmediato poder llevarlas a cabo, sin dejarme paralizar. Todo lo contrario, si analizo algo, es para moverme, para expandirme, para continuar. Y he obtenido resultados más que positivos. El huracán es mi mayor ejemplo.

Así que, después de eso, después de haber alcanzado números tan altos como agencia y como productor, ¿qué podía seguir? ¿Ahora en qué invierto? ¿Más cajeros automáticos? No. Algo más. Un nuevo reto.

Sí. Voy a escribir un libro.

Conclusión

Siendo sincero, puedo decirte que no tengo ni la menor idea de por qué me animé a escribir un libro. En estos cinco años de tanto trabajo, creo que lo que menos me imaginé que haría sería escribir un libro de esta manera, y para otros.

En mi país la imagen del millonario está muy satanizada, como comenté hace ya bastantes páginas; sin embargo, y gracias al tiempo que llevo yo aquí, he podido cambiar esta idea y actualizar lo que para mí significa esa imagen del millonario.

Para mí, el millonario se volvió un ejemplo a seguir. Un millonario, creo yo, es un líder. Un ídolo, cuya esencia está imbuida de la capacidad de guía y liderazgo, además del conocimiento y las habilidades técnicas acerca de los negocios. Se puede tener una cosa o la otra; pero, aquel que ha llegado a tener las dos, prácticamente ha llegado a la cima del éxito. Otra cosa que aprendí al respecto es que sí, uno puede tener una cosa o la otra o puede no tener ninguna, no será problema, pues cualquiera puede ser enseñada, aprendida e incluso dominada.

Parafraseando a Robert Kiyosaki, hablando de ídolos y líderes: Existe una ciencia de los negocios y el liderazgo, así como un arte de los mismos. Tanto él como yo pensamos y sabemos que ambos son disciplinas de estudio que duran toda la vida. El liderazgo es la capacidad de sacar lo mejor de las personas; tanto de uno mismo como de aquel, quien sea, dispuesto a la superación diaria.

Para tener éxito en los negocios, además de las habilidades técnicas necesarias y los conocimientos básicos en mercadotecnia, ventas, administración, contabilidad, producción y negociaciones financieras, hay que saber trabajar con la gente. Hay que saber guiar y liderar, orientar y capacitar: un perro pastor que controla su rebaño. Y a veces eso puede ser lo más complejo.

Un día, y por alguna razón, me encontré en una conferencia en la que pude conversar con una persona de carácter millonario. Éste fue quien me dijo: "Deberías escribir un libro." No comprendí en ese momento por qué me lo decía, por qué estaba tan seguro de que yo podía hacerlo, yo no había estudiado Literatura ni mucho menos; sin embargo, cuando volví a mi casa, entendí que esas palabras habían sido pronunciadas por él, y había sido por algo. Algo que yo no había comprendido y probablemente no comprendería hasta que empezara a escribirlo. Este tipo de personas, que han alcanzado un nivel más allá de la holgura económica, los millonarios, son personas que ven de una manera distinta las cosas. Mi mente creativa y emprendedora alcanza a ver cosas que otros no; sin embargo, cuando él me dio este consejo o me dijo estas palabras, no logré entender la razón por la que lo hacía.

Su voz resonaba en mi cabeza, no obstante, así que me animé, de alguna manera, porque quería entender por qué me habría dicho aquello, ¿qué había visto en mí que yo no había notado para decirme o pensar que yo podía o debería escribir un libro?

Empecé a indagar, a estudiar, a investigar cómo, y entonces lo entendí. Ésta era la misma señal que al principio se me había presentado. Un nuevo negocio en el que podía invertir. Mi pensamiento siempre ha estado puesto en la construcción de activos, pero no de una manera tradicional como cualquiera. Mi proceso es el de nunca acabar. Hoy estoy joven todavía y tengo demasiada energía como para no seguir emprendiendo, como para no buscar cosas nuevas o dejar cada cosa que empiezo en sólo un intento. Yo aspiro retirarme a los cincuenta años; pero no por eso debería esperarme hasta entonces para escribir un libro.

Sé que soy un emprendedor nato, y puedo ser un emprendedor eterno. No importa que en este momento yo sea un empresario o un inversionista, ni siquiera en este lugar de comodidad económica debería yo conformarme. Debo mantener vivo este espíritu de emprendedor. Nunca permitir que ese fuego se me apague. ¿Cómo lo avivo? ¡Escribiendo un libro! Pero de la mejor manera, así como Dios manda. Cuando uno se decide a emprender algo, debe hacerse bien.

Todo mundo tiene derecho a construir su ingreso, ahorrarlo y poderlo invertir en lo que quiera, en lo que sea mejor para él.

Este libro no es la construcción hacia la libertad financiera; sin embargo, te ayudará a alcanzarla. Yo te hablo de la mía, mis experiencias; pero la finalidad de este mensaje no es esa.

Este libro es un camino que atraviesa la carrera de los *Final Expenses*. El proceso del empleado y el autoempleado, para después la construcción de una agencia, e incluso la explicación sobre cómo invertir. Porque es lo que conozco, es lo que domino y es sobre lo que yo puedo hablar.

En los seminarios o conferencias que doy como parte del servicio de mi agencia, doy nombres y números, los detalles más técnicos y más específicos; en este libro, lo que he tratado de hacer no ha sido únicamente guiarte o dirigirte, ni siquiera decirte cómo, sino más bien inspirarte. Así como ese millonario me dijo "Deberías escribir un libro" y despertó algo en mí, así como las palabras *"Final Expenses"* me afectaron aquel día hace casi cinco años, que este libro sea lo mismo para ti. No una llegada sino un camino. Este libro es mi manera de seguir alimentando mi propio fuego interno, y a través de mis palabras, quisiera que lograra ser una chispa también para ti. Una chispa, una vela, una linterna.

Llegar a este país ha sido un proceso realmente emocionante. Tan difícil como interesante, todo el tiempo. Yo llegué aquí cargado de sueños y así sigo. Ese espíritu emprendedor, creativo y hambriento sigue alimentándose, siempre acompañado por el miedo, por supuesto, pero inspirándose todo el tiempo con sus propias ideas y sueños.

Uno puede llegar a este país con la idea de cumplir un sueño; pero, a pesar de que el gobierno de Estados Unidos es un sistema que funciona de manera óptima, con programas bien estructurados y una organización social excelente, no está hecho para cumplir tus sueños, a menos que tú estés dispuesto a trabajar por ellos. Si has llegado a este país, sabes que los desafíos apenas comienzan, que la única manera de sortearlos es trabajando, dependiendo de ti, de tus talentos, habilidades y todo aquello que estés dispuesto a hacer para superarte.

A este país no hay que venir más que con fuerza, sin llorar, sin esperar que el gobierno te resuelva la vida. Si vienes, hazlo sabiendo que la única persona que puede resolver su vida eres tú mismo.

Éste es un país históricamente de inmigrantes, hay gente muy talentosa, gente que vino a proponer y ha logrado hacerse la vida; sin embargo, hay mucha otra que se vuelve una carga pública, con malos hábitos y conductas. Y este país no acepta tal cosa, es un país que protegerá a toda costa su tierra y patrimonio. Nosotros, como inmigrantes, debemos comprenderlo, y venir a ser propuesta, no protesta. Si ya llegamos hasta acá, entonces hagamos bien las cosas. Si entendemos que debemos prepararnos y adaptarnos al sistema, entonces el sistema trabajará para nosotros, nos permitirá sobresalir porque de tal manera está planeado, para tu propio beneficio y dependiendo de tu propio esfuerzo y trabajo. Uno puede hacer las cosas de la manera correcta y así debe hacerlas para siempre. Empezando por los papeles, los trámites, la documentación, si desde ahí todo está en orden y correcto, entonces los Estados Unidos pueden ser tu bendición.

Estamos condicionados por nuestros países y nuestras culturas y a veces es muy difícil transformar los hábitos y pensamientos, porque nos hemos acostumbrado a lo anterior, y es en verdad muy desafiante. Puede serlo. Aquí no se trabaja de la misma manera y no se vive de la misma manera a la que estábamos acostumbrados, somos nosotros quienes deben abrirse y estar dispuestos a recibir y aprender una nueva manera, tanto de vida como de trabajo. Si logras adaptarte, entonces descubrirás los beneficios, las bondades, las bendiciones de este país y su sistema.

Todos los días le doy gracias a Dios por la oportunidad de estar en esta tierra; el sistema me ha permitido poder vivir aquí, y no cualquier vida, sino la mejor y más favorable para mi familia. No sé si ha sido suerte o es que de verdad he trabajado mucho, me he preparado de la mejor manera, he podido trabajar con mucha gente muy buena; jamás he sufrido del racismo o la discriminación y nada me ha limitado en el camino de mi estabilidad financiera. Así he podido llegar a ser el número uno a nivel nacional; nada ni nadie ha interferido ni me ha podido frenar. Todo lo contrario, soy reconocido y respetado, y es porque he sabido hacer las cosas bien.

He trabajado muy duro desde hace mucho tiempo, poco más de veinte años, y tengo experiencia, mucha; sin embargo, estoy seguro de que nunca había trabajado tanto ni tan duro como cuando llegué a este país. Mi trabajo y mi esfuerzo son la razón por la que he logrado alcanzar la libertad financiera en cinco años. Y si Dios me lo permite, lograré retirarme a los cincuenta. Sigo y seguiré emprendiendo cosas porque así nací. Me apasionan las ideas, me apasionan los nuevos proyectos, siempre que estén bien estructurados, porque soy un emprendedor, un estudiante permanente que ha aprendido que lo más peligroso es conformarse.

Yo decidí emigrar. No todos lo harán, no todos lo hicieron. No está mal. Hay muchas personas en mi país que decidieron quedarse y cumplir allá sus sueños, así como muchos otros a los que nos tocó emigrar y trabajar haciendo cosas que nunca habíamos hecho; así como habrá venezolanos o extranjeros que ofrecen un servicio como el de la limpieza, el del transporte o restaurantes, hay otros que han logrado construir sus empresas o invertir en franquicias. Ésta es la historia de uno de ellos.

Yo decidí irme y dejar el nombre de mi país en alto porque eso era lo mejor que yo podía haber hecho, para mi familia y para mí. Lo mejor que yo puedo hacer como venezolano, como parte de esa comunidad, es hacer las cosas bien aquí. Le doy gracias a mi país natal, por supuesto, sé que de allí vengo y reconozco todas las cosas buenas que recibí de Venezuela. Yo entendí lo que era estar agradecido con mi país cuando llegué a Estados Unidos. Unos meses después de haber llegado, después de haber descubierto los *Final Expenses* y entender todo lo que ofrecían, todo lo que me estaban dando, y recuerdo haber estado caminando ese día, y en mi camino me encontré con una iglesia. Entré y en ese momento entendí que todo era parte de mi proceso; que así como agradecía haber encontrado una manera de hacer buen dinero en un país al que acababa de llegar, también le agradecía al país del que había tenido que irme, porque ambos era yo: tanto el pasado como el presente. Y en ese momento le agradecí infinitamente a Dios por ponerme donde estaba. En ese instante aprendí a reconocer el valor del trabajo y a respetarlo; a partir de entonces vivo así mis días, de manera intensa y enfocada, pero siempre espiritual, con fe y agradecimiento.

Así que primero debes preguntarte a qué viniste. Es el primer requisito. Vayas a donde vayas o estés donde estés. Yo sabía que había venido a este país a triunfar, a darle la mejor calidad de vida a mi familia, porque en mi país no pudimos tenerla. Yo vine a este país a hacer lo que el mío no me permitió que hiciera. Así como agradezco estar en esta tierra, jamás dejaré de agradecer lo que me dio la mía. Venezuela me dio la vida, y Estados Unidos el cómo vivirla.

Aquí uno puede ser todo lo que quiera ser. Y si uno lo tiene claro, entonces todo es mucho más fácil. Incluso aquello que ni siquiera te imaginarías, por ejemplo, ser dueño de un negocio o incluso ser inversionista. Mientras te formes, te eduques, te documentes, entonces sólo necesitas el enfoque y la disciplina, si vives a diario con la fuerza y las ganas de aprender, de crecer. Conoce tus talentos, tus habilidades, así como tus limitantes, tus debilidades. Conoce cuál es tu motor, aprende a dominar tus inseguridades y tus miedos. Entonces será fácil.

La venta es un emprendimiento, y hay mucha información disponible para ti, que te dirá cómo formarte y cuáles son los conocimientos que necesitas si lo que quieres es ser un profesional en las ventas. Incluso yo te he dado ya la mayoría; pero no hay nada que mida el corazón de un ser humano o sus deseos, aquello que lo impulsa, y al final, eso es lo que uno necesita. Emprender no es para todos, es un estilo de vida y una manera de ver el mundo que no todos comparten. Uno puede vivir todo el tiempo que quiera dentro de cualquier sector del cuadrante del dinero, y como ya he dicho antes, cada sección requiere de habilidades y capacidades diferentes, y cada sección tiene sus debilidades y fortalezas. Uno puede ir aprendiendo en el camino; pero es fundamental definir de qué manera vas a decidir trabajar para alcanzar tus metas y tus sueños.

Ahora necesitas al mentor correcto, y ese será aquel con los conocimientos necesarios para poderte dirigir y orientar. Quizá si has llegado ya hasta esta página quiere decir que lo encontraste.

Emprender es difícil (te lo digo yo, un emprendedor por excelencia); sin embargo, también puedo decirte que así como todas las cosas que son difíciles, ésta también vale la pena. En el mundo del empleo hay exceso de ofertas de mano de obra; no en el mundo de las ventas. Lo que el mundo del emprendimiento tiene es espacio de sobra; porque la gente quiere triunfar, y los empresarios no competimos el uno con el otro, competimos contra nosotros mismos. Todos los días nos despertamos pensando una mejor manera de llegar a la mejor versión de nosotros mismos. ¿Cómo volverme más atractivo al mercado? ¿Qué estrategia de *marketing* necesito ahora si necesito más agentes en el campo? Se trata siempre de entender la posición en la que estamos jugando a medida que la vamos viviendo.

Si tienes ese deseo ardiente y estás determinado, si no te vas a dejar vencer ni por la prueba ni por el error, entonces estás en el camino correcto para alcanzar el triunfo.

Un vendedor no se forma en la universidad, un vendedor se deja impulsar por sí mismo, es ambicioso, pero está entregado al emprendimiento, está dispuesto. Un vendedor es un emprendedor, y no hay millonario al que no le haya tocado, en algún momento, seguramente al principio de su proceso, ser vendedor.

Martin Luther King dice: "Fe es dar el primer paso, incluso cuando ves completa la escalera." Y es verdad. A veces uno debe saltar ciegamente, confiando en que el paracaídas se abra y el mismo aire te sostenga durante el vuelo. Así funciona la fe, es como el aire. Pero la fe también abre paracaídas y construye peldaños.

Nadie más que tú mismo puede matar tus sueños. Porque tus sueños son tuyos y tú mismo decides el camino a tomar para cumplirlos. Si eso viniste a buscar, entonces sólo se trata de dar ese primer paso, de subir el primer escalón. Déjate llevar por la fe y confía. Después del primer salto, todo lo demás es aire. Ese aire serán el esfuerzo y tu trabajo.

Yo soy consciente de que el tiempo no dura para siempre, dura mucho menos de lo que siempre pensamos; por eso mismo creo que no hay un mejor momento para emprender nada que el ahora; sin embargo, sé que cuando uno compra libertad financiera lo que verdaderamente está comprando es tiempo. Hoy yo cuento con un poco más de tiempo, pues he alcanzado ese nivel de economía, y quiero emplearlo de la mejor manera.

La mejor manera de emplear el tiempo ganado es transformándolo en legado. Yo tengo dos hijos a los que les prometí un mejor futuro. Hoy puedo garantizárselo a ambos. Hoy puedo decirles tanto a ellos como a ti, quien quiera que seas y quien quieras ser, que las oportunidades existen, que el futuro existe también y que emprender no es imposible.

Dios no le da al que necesita, al que le implora o al que le llora; Dios le da al que trabaja, al que merece. Estamos puestos en esta vida para hacernos merecedores de todo aquello que estamos buscando; se trata de hacer y ser siempre lo mejor que uno pueda, ayudar a otros, dejar cosas buenas en el mundo. Muchos allá afuera piensan como yo, pero no saben qué hacer con esa fuerza o ese impulso; hay mucha gente brillante que no sabe cómo salir del anonimato, por dónde empezar; hay mucha gente que no sabe cómo vencer sus temores. Está bien. Todas esas limitaciones pueden transformarse en propulsores, pueden volverse tus aliadas.

Yo puedo decirte cómo. Y yo puedo decirte qué. Cómo empezar y qué necesitarás para lograrlo.

Te he relatado mis experiencias y aprendizajes para que tú puedas seguir la misma línea. Éste es un libro guía, un camino. Si tu mentor es bueno querrá que triunfes; créeme cuando te digo que eso es lo que yo busco. Y un vendedor no miente. Si el vendedor miente, no vende. A ninguna de las partes le convendrá nunca la mentira. Ten fe.

Así has encontrado tu mentor, que hayas llegado hasta esta página quiere decir que ese mentor soy yo. O por lo menos, a través de estas páginas lo he sido. Me autodefino uno de los mejores vendedores del mundo porque he logrado transformar mi historia en un producto interesante, un producto verdadero, un producto trascendente que incluso puede significar.

Y lo sé porque es justamente lo que ya compraste: este libro, esta guía, esta herramienta. Aprendí que el secreto para vender no está en que la gente te compre, sino en hacer tú que ellos vengan, porque el producto último y atractivo eres tú.

Deberás empezar por hacer cambios profundos, incluso, culturales, deberás abrir tu mente y tu corazón al deseo de triunfar, y a partir del primer día no doblegarte, mantenerte constante, determinado y dispuesto a seguir correctamente la línea, las reglas y los sistemas que yo puedo proporcionarte.

Créeme y da ese primer paso; aviéntate sin pensar en el paracaídas. Incluso, quisiera retarte, y decirte: Hazlo en menos de cinco años. Tú sabes que si has puesto atención en la lectura, si has entendido todo lo necesario y lo fundamental, si tienes todas mis experiencias como herramientas y todo el camino prácticamente trazado, entonces entiendes que si quisieras podrías.

El sueño americano existe: yo lo vivo todos los días.

Y si estas páginas no fueron suficientes, si sabes que ahora quieres los detalles más técnicos, las páginas para hacer campañas, los nombres de las compañías, si quieres saber dónde sacar tu licencia y con quién capacitarte para lograrlo más pronto, entonces te recomiendo inscribirte también en mis seminarios. Ahí te diré todavía más secretos, te revelaré todavía más detalles.

La verdad es que yo no tenía ni la menor idea de lo fuerte o la potencia que este libro podía tener, pero hoy la veo, así como la he visto en los *Final Expenses,* así como la veo en la gente que trabaja conmigo todos los días. Entendí que este libro puede resultar en un negocio muy parecido al de los cajeros automáticos o los ATM's. ¿Por qué? Porque es dinero residual que te va a dar para siempre. El dinero nunca se acaba en este país. Mientras yo escribo estas páginas, hay alguien allá afuera que estará tocando los botones de aquel cajero que yo decidí colocar para sacar cierta cantidad de efectivo, cosa que me hace estar ganando dinero también, de manera simultánea. Este libro, de igual manera, es algo que está allí.

Yo aprendí que puedo llenar conferencias o hacer mis seminarios y que muchísima gente podrá asistir, así ha ocurrido. Y eso que hasta ahora sólo lo he hecho con la gente que trabaja conmigo. ¿Qué ocurrirá cuando pueda hacerlo con mucho más público? Si los seminarios son abiertos, cualquier persona podrá asistir, que al final no es importante si se dedica a los seguros o decide trabajar con otra agencia o sólo quiere escucharme, mientras mis herramientas les sirvan y puedan utilizarlas, yo me sentiré satisfecho y en paz.

Para que uno pueda hacer esto, debe ser una referencia, y para esto no hay nada mejor que haber escrito un libro. No cualquiera lo hace. Un libro vuelve tangibles todas tus ideas, todas tus experiencias, y entonces te vuelve la referencia de alguien, su mentor, su inspiración, como uno quiera llamarle.

A mí me enseñaron muchas de las cosas que sé; aprendí de mucha gente con mucha más experiencia de la que yo tenía; sin embargo, ninguna de estas personas ha escrito un libro. Si yo lleno unas cuantas páginas con mis experiencias, también estaré llenándolas con la esencia de todos aquellos que fueron alguna vez mis mentores, mis referencias, y así quedaremos inmortalizados, tanto ellos como yo.

Cuando contemplé la idea de escribir un libro y cuando decidí emprenderla, entendí que así como la industria de los *Final Expenses,* un libro también podía ser una posible mina de oro. Y no es que pretenda hacerme millonario vendiendo o escribiendo libros, por supuesto que no, pero tampoco tenía idea de que eso fuera a ocurrir cuando empecé a vender seguros. Este libro es una nueva inversión, una nueva manera de maximizar mi ingreso pasivo.

¿Entiendes a qué me refiero?

La mina de oro no es el dinero sino la posibilidad, la novedad, la oportunidad que cualquier cosa puede tener si uno sabe cómo explotarla. Éste es un libro que puede venderse en mis seminarios y viceversa, es un libro que puede vender mis seminarios, y así como se vuelve un impulso para mí como figura pública o persona de referencia, también te servirá de impulso a ti. Repito: la oportunidad existe en cualquier cosa si uno sabe verla y cómo explotarla.

Eso es todo.

Una nueva idea siempre trae consigo una potencial mina de oro. Y no hay que perder nunca esto de vista. La potencialidad de una idea siempre puede volverse una oportunidad: y es ahí donde se encuentra la verdadera mina.

Made in the USA
Columbia, SC
01 July 2024